Reichel
Verlag

AF525708

Über das Buch

Dieses kleine Büchlein versteht sich als liebevoller Ratgeber zu Themen, mit denen sich fast jeder irgendwann einmal beschäftigt. Es möchte mit neuen Sichtweisen zum Nachdenken anregen und bietet Möglichkeiten der Veränderung, wenn wir uns öffnen.

Keinesfalls ersetzt es eine psychologische Beratung bei einer Fachkraft oder eine ärztliche Behandlung in Krisensituationen.

Über die Autorin

Jennifer Siedler, Jahrgang 1968, seit Kindheit hellhörig und mit der Natur verbunden, studierte Soziologie, Kulturwissenschaft und Musik. Sie arbeitete mehrere Jahre als Filmtonmeisterin und Tonassistentin für verschiedene Filmproduktionen. Seit 2010 ist sie Gesundheitsberaterin und offiziell als Medium und spirituelle Lebensberaterin tätig. Dieses Büchlein wurde ihr von Erzengel Michael diktiert.

Kontakt: jennsie@gmx.de

Jennifer Siedler

Erzengel Michaels kleine himmlische Lebenshilfe

1. Auflage 2018

www.reichel-verlag.de

Umschlaggestaltung: Christian Wolf

ISBN 978-3-946959-24-3

Jeder hilft jedem. So soll es sein.

Inhalt

Vorwort

Seid aufs Allerherzlichste gegrüßt, ihr lieben Menschen. Ich bin Michael, euer euch liebender Erzengel.

Ich habe beschlossen, euch zu gegebenem Zeitpunkt eine neue wichtige Information über das menschliche Dasein zukommen zu lassen. Dieser Zeitpunkt ist nun gekommen, da ihr euch erneut an einem neuen Abschnitt des Zeitalters befindet. Ich sage an einem neuen Abschnitt, weil der neue Abschnitt noch nicht vollständig eingeleitet wurde und ihr euch am Rande dessen befindet, was ihr euch entscheidet weiterhin zu sein. Dieser neue Abschnitt kann bedeuten große Freude und neues Bewusstsein, er kann aber auch bedeuten Untergang der Weltstrukturen und Leid für viele. Welchen Weg ihr einschlagt, bestimmt ihr selbst.

Ich bin erneut gekommen, euch die Richtung zu weisen, die ihr gehen könnt, aber nicht müsst. So wird es sein, dass viele neue Botschafter Gottes die Welt bevölkern und ihr Licht und Unsere Weisheit unter den Menschen verbreiten. Eine Botschafterin dieses Lichts ist Sanandas Mutter, von der ich euch schon in vorangehenden Übermittlungen erzählt habe. Sananda hat das irdische Licht der Welt erblickt, fernab von eurem Wissen, fernab von jeglichem Rummel um seine Wiederkehr, in der Stille und Zurückgezogenheit eines ganz normalen Geburtsvorganges. Ihr werdet von ihm hören, wenn es Zeit ist und ihr bereit seid für seine Weisheit. Bis dahin möchte ich euch einige Lehren zukommen lassen, die euch helfen werden euch zu entscheiden, welche Art von Leben ihr zukünftig leben wollt. Seid bereit für die Veränderung, seid bereit für den Neubeginn.

Als Erstes möchte ich über ein sehr ernstes Thema mit euch sprechen, ein Thema, welches jedem Neubeginn vorausgeht. Es ist der Tod.

Der Tod

Ihr lieben Menschen habt immer noch ein gespaltenes Verhältnis zum Tod.

Wenn ihr ein geliebtes Wesen verliert, trauert ihr und ihr hadert. „Warum“, fragt ihr, „warum kommt er jetzt, da alles so schön ist? Warum kommt er oft unerwartet und plötzlich? Warum kommt er zu Menschen oder Tieren, die scheinbar gesund und munter, fröhlich und liebevoll gelebt haben?“

Ihr könnt den Tod nicht begreifen, steht nicht selten vor einem Scherbenhaufen eures Lebens und wisst nicht, wie ihr weitermachen sollt, ohne das geliebte Wesen an eurer Seite. Doch nicht nur der plötzliche Tod wirft euch aus der Bahn, auch der erwartete Tod, der eintritt nach langer Krankheit oder hohem Alter.

Fast immer wirft euch das Ereignis Tod total aus eurem normalen Leben heraus, fast immer nimmt euch die Trauer die Freude zum

Weiterleben. Doch der Tod ist fester Bestandteil des Lebens. Ohne Tod ist kein Leben möglich, ohne Leben gibt es keinen Tod. Das eine bedingt das andere, das eine resultiert aus dem anderen. Ihr müsst lernen, den Tod als Chance für einen Neubeginn zu betrachten und nur das Gute darin zu sehen.

Wenn ein Tod eintritt, dann ist das ein sicheres Zeichen dafür, dass ein bestimmter Abschnitt eures Lebens zu Ende ist und etwas Neues zu euch kommen wird. Dieses Neue kann aber nur zu euch kommen, wenn ihr bereit seid loszulassen und euch nicht aufhaltet mit Quälerei über eure Trauer.

Ihr müsst trauern um euren Verlust, das ist ganz wichtig. Aber es ist ein Unterschied, ob ihr traurig seid, weil ihr das geliebte Wesen vermisst, wenn ihr euch in Erinnerung ruft, was ihr alles zusammen unternommen habt zum Beispiel, oder ob ihr traurig seid, weil ihr euch immer wieder die traurigen Bilder vor Augen ruft, die des Endes zum Beispiel.

Ihr solltet euch nicht aufhalten in solch einer Trauer, sondern nur die lieben und schönen Erinnerungen wachrufen, die, die euch

Freude bereiten und euch lächeln lassen. Seid versichert, nur diese Bilder und die daraus resultierenden positiven Gefühle sind gewünscht von eurem Dahingegangenen für euch. Kein geliebtes Wesen, welches euch verlassen hat, damit ihr weitergehen könnt, wünscht für euch Trauer aus negativen Gefühlen heraus. Dadurch blockiert ihr die neue gute Energie, die zu euch will, und macht es dem Fluss des Lebens schwer, euch weiterhin dorthin zu tragen, wo ihr hin sollt.

Seid gewiss, ihr lieben Menschen, dass der Tod keineswegs dazu da ist, euch in Verzweiflung zu stürzen, sondern er ist dazu da, euch zu lehren, den natürlichen Verlauf des Lebens besser zu begreifen. Zu akzeptieren, dass die Dinge nun mal so sind, damit ein Weitergehen möglich ist.

Es gibt immer einen Grund für einen unerwarteten Tod. Der Sinn dieses Grundes wird euch später bewusst, wenn ihr die Zusammenhänge, die Folgen, die dieser Tod für euch hat, aus einer höheren Sichtweise betrachtet und liebevoll annehmen könnt. Seid dankbar für die Zeit, die ihr mit dem geliebten Wesen verbringen durftet, seid dankbar für die Erfahrungen, die ihr machen konntet, und nutzt diese Erfahrungen jetzt für eure weitere Zukunft.

Wenn es euch hilft, stellt euch vor: Zwei Wesen kommen für eine bestimmte Zeit zusammen, um an einem Projekt, einer Aufgabe zu arbeiten. Die Zeit, die dieses Projekt in Anspruch nimmt, wurde vorher, in diesem Falle vor eurer Inkarnation, festgelegt; es wurde vorher bestimmt, dass ihr so und so lange Zeit habt, diese Aufgabe zu erarbeiten. Wenn ihr beiden Wesen euch sehr gut versteht in dieser Zeit der Zusammenarbeit, dann liegt das am gegenseitigen Verständnis darüber, dass die Dinge so sind, wie sie sind, damit die Dinge so sein können, wie sie sein sollen. Darum genießt jeden Augenblick des Zusammenseins, denn in diesem Leben wisst ihr nicht, wann das Projekt beendet sein wird.

Und danach, wenn die Aufgabe beendet ist, trennen sich eure Wege wieder. Der eine geht hierhin, so gesehen zu Uns zurück, der andere dorthin, das ist der Hinterbliebene, welcher seinen Weg nun alleine fortsetzen muss. Wenn es sein soll und die Zeit reif ist, werdet ihr euch wiedertreffen, in anderer Form, um ein neues Projekt zusammen zu erarbeiten. Bis dahin könnt ihr in Kontakt bleiben, ohne euch zu sehen.

Viele tun dies, indem sie mit dem Verstorbenen sprechen, wissend, dass er weiterlebt, nur ohne irdischen Körper, wissend, dass er bei Gott ist und dass es ihm gutgeht. Das sind die Seligen, die glauben. Ihr Glaube an ein ewiges Leben hält sie aufrecht und gibt ihnen Kraft. Das Wissen um die Zusammenhänge, die gemeinsam zu bestehenden Aufgaben, allerdings, hilft loszulassen.

Der Weise klammert sich nicht an das Leben als solches, der Weise lässt gehen, weil er um die Zusammenhänge weiß, weil er weiß, dass alles, was geschieht, zu seinem Besten geschieht, zu seiner Weiterentwicklung. Alles geschieht zur richtigen Zeit, auch wenn ihr lieben Menschen das nicht immer sofort so versteht. Alles braucht seine Zeit.

Wenn also ein geliebtes Wesen plötzlich und unerwartet von euch geht, dann, seid versichert, geschieht es zu einer Zeit, die euch genügend Spielraum lässt, euch neu zu ordnen, neu zu sammeln, damit ihr bereit sein könnt, wenn die neuen Aufgaben in euer Leben treten. Nehmt euch also Zeit für eure Trauer, aber haltet euch nicht in negativen Gefühlen auf. Seht nur das Gute und nutzt die Chance, ein neues wunderbares Leben zu leben.

Wenn ein geliebtes Wesen von euch gegangen ist, gibt es verschiedene Wege, damit umzugehen: Ein Mensch weint und klagt, zieht sich in sich selbst zurück und trauert so lange, bis die Trauer von selbst vergeht. Ein anderer stürzt sich in Arbeit, um sich abzulenken, ein weiterer findet Zuflucht im Gebet. Wie auch immer ihr euren Verlust verarbeitet, es ist der richtige Weg, solange ihr keine negativen Empfindungen in euch verfestigt. Die größte Gefahr ist das Hartwerden der Gefühle. Manche Menschen verweigern nach solch einem Schicksalsschlag (welcher keiner ist, genau genommen, aber dazu möchte ich später noch ein paar Worte sagen) jegliche weitere Liebe.

Das ist auf den ersten Blick von Mensch zu Mensch verständlich, ihr habt Angst vor dem Schmerz, habt Angst, erneut verletzt zu werden. Seid versichert, ihr lieben Wesen Gottes, der Schmerz vergeht mit der Zeit, wenn ihr bereit seid loszulassen. Was bleibt, sind die schönen Erinnerungen, die freudigen Gefühle, die euch dabei überkommen, wenn ihr in Liebe zurückdenkt und nicht im Zorn über den Verlust oder in Verzweiflung. Wie auch immer ihr euren Schmerz verarbeitet, wichtig ist, dass ihr es tut, dass ihr ihn nicht verdrängt. Ihr müsst euch gestatten ihn auszuleben, damit er von euch weichen kann. Nur ein ausgelebter, ein verarbeiteter Schmerz ist ein gewesener Schmerz. Verdrängung führt nur zu Blockaden und wird irgendwann wieder an die Oberfläche treten, zum Beispiel in Form verhärteter Gefühle.

Wenn ihr es selbst nicht schafft, lasst euch helfen, von lieben Freunden, erfahrenen Psychologen oder von Gott. Schämt euch nicht eurer Trauer, eurer Tränen, denn sie rühren von einem liebenden Herzen.

Doch bemitleidet euch nicht selbst. Trauert nicht um euer verlorenes Selbst, das im Spiegel des geliebten Wesens dahingegangen ist. Seid euch bewusst, dass euer Gegenüber, das euch nun verlassen hat, ein Spiegelbild eurer selbst war und euch darauf hinweisen will, dass ihr die Liebe und Aufmerksamkeit, die ihr ihm geschenkt habt, nun euch selber schenken sollt. Richtet die Liebe und Fürsorge auf euch selbst. Verwöhnt und verhätschelt euch selbst. Sagt euch selbst täglich, wie sehr ihr euch liebt und wie toll und wunderbar ihr seid. Nutzt die Erfahrung der Liebe, die ihr mit diesem Wesen machen durftet, dafür, jetzt für euch selbst zu sorgen, denn das wäre die mögliche Aufgabe gewesen.

Wenn euch nicht die Liebe verbunden hat, sondern ein anderes Gefühl euch beieinander hielt, so hinterfragt. Stellt euch die Frage, was machte dieses andere Wesen aus? Welche Eigenschaften besaß es? Welche Vorlieben und Abneigungen hatte es? Habt ihr oft gestritten? Wenn ja, warum? Stellt euch diese Fragen und versucht sie zu beantworten, ehrlich. Und dann zieht Resonanz, was macht ihr jetzt mit diesen Erkenntnissen? Was könnte eure Aufgabe gewesen sein, welchen Nutzen habt ihr sowohl von eurem Zusammensein als auch von eurer Trennung? Geht in euch, erforscht euer Selbst, eliminiert, was euch nicht gefallen hat, speichert liebevoll, was euch verbunden hat. Zieht eure Lehre in Dankbarkeit und gestaltet eure Zukunft in Freude und Glück.

Wenn ein geliebtes Wesen euch verlassen hat nach langer Krankheit, so seid ihr erleichtert und habt gleichzeitig ein schlechtes Gewissen, weil ihr eigentlich gehofft habt, dass es bald zu Ende ist, weil ihr der Belastung einfach nicht mehr gewachsen wart. Dieses schlechte Gewissen müsst ihr sofort ablegen. Kein Mensch braucht sich schlecht zu fühlen, weil er einmal innerlich äußert, dass er froh wäre, wenn der Mensch endlich stirbt, weil ihm die Arbeit mit der Pflege oder die psychische Belastung des Wartens auf die Erlösung von den Qualen zu sehr mitnimmt. Solche Gedanken sind menschlich.

Es ist immer die Ausgangsposition entscheidend. Wenn ihr ein Wesen sehr liebt und es unheilbar krank wird und ein Ende nicht mehr zu vermeiden ist, dann ist es für alle Beteiligten eine Erlösung, wenn es vorbei ist.

Nicht nur der Hinterbliebene, sondern auch der Kranke hat die Qual hinter sich.

Dabei meine ich nicht die Qual der Krankheit für den Betroffenen, ich meine vor allem die energetischen Schwingungen, denen ein Kranker ausgesetzt ist, wenn sich die Angehörigen Sorgen machen und sich seinetwegen quälen. Ein Mensch spürt das und quält sich zusätzlich. Heuchelei ist in diesem Fall vollkommen fehl am Platz. Todkranke sind erstaunlich klar in ihren Wahrnehmungen, weil ihnen bewusst ist, dass sie gehen werden. Sie sind oft gefasster als die Angehörigen und spenden nicht selten ihnen Trost und sagen: „Sei nicht traurig, ich habe keine Angst."

Es ist immer besser, für alle Beteiligten, wenn absolute Aufrichtigkeit untereinander herrscht, wenn der Pflegende zum Beispiel sagt: „Ich liebe dich sehr und ich will nicht, dass du mich verlässt, aber ich kann einfach nicht mehr. Dieses Warten, diese Belastung macht mich fertig." Das ist ehrlich und beide Seiten werden sich wohler fühlen, auf solch einer Ebene miteinander umzugehen. Wenn es herzlos erscheint, einem Todkranken zu sagen: „Ich wäre froh, wenn es vorbei wäre“, ist das in Wirklichkeit nur eine weitere ehrliche Art von Respektbezeugung gegenüber dem Leidenden.

Ihr müsst keine Angst haben, den Betroffenen zu verletzen. Solche Menschen sind meist schon jenseits jeglicher Verletzung, sie sind im Zustand des Vergebens.

Ferner solltet ihr euch nicht scheuen, offen über den zu erwartenden Tod zu sprechen. Große Belastungen auf beiden Seiten können genommen werden, wenn man offen darüber spricht. Vielmehr wäre es für beide auch hilfreich, wenn der Pflegende Fragen stellt. Ist der Kranke ansprechbar, ist es wundervoll, was er zu berichten hat, wenn er sich voll bewusst ist, was mit ihm geschieht. Eine Klarheit von nicht gekanntem Ausmaß, ein Frieden, wie er zu Lebzeiten selten ist, und eine Freude spiegeln sich nicht selten im Innern der Todgeweihten, wenn sie die Möglichkeit haben, ganz offen und selbstverständlich über dieses Thema zu sprechen.

Viele Pflegende vermeiden es sogar, die Menschen anzusehen, weil sie nicht wissen, was sie sagen sollen. Das Thema wird vermieden. Ebenso ergeht es auch den Freunden und Bekannten oder Verwandten, die immer seltener zu Besuch kommen und schließlich ganz wegbleiben, weil sie es nicht mehr ertragen können, hilflos mit ansehen zu müssen, wie der geliebte Mensch stirbt. Diese Menschen sieht man dann erst auf den Beerdigungen wieder, wo sie trauern und bedauern, nicht mehr gesagt zu haben, was vielleicht noch zu sagen gewesen wäre.

Da beginnt der neue Abschnitt der Hinterbliebenen. Selbstvorwürfe, Selbstzweifel und „ach, hätte ich nur"-Sätze bevölkern die Köpfe der Trauernden. Immer wieder stellen sie sich vor, was gewesen wäre, wenn … Doch hört auf mit diesen Quälereien. Ihr könnt nicht rückgängig machen, was geschehen ist, ihr könnt nur lernen, damit zu leben. In Frieden damit zu leben. Euren Frieden mit dem Tod zu machen.

Der Tod ist nicht vorhersehbar. Die Menschen leben ihr Leben und eines Tages kommt er und holt sich denjenigen, dessen Zeit abgelaufen ist. Wenn ihr wüsstet, wann eure Zeit ist, wie würdet ihr dann leben? Würdet ihr euch fürchten oder würdet ihr jeden Tag besonders genießen? Ich sage es euch: Ihr würdet euch hauptsächlich fürchten. Viele von euch würden nicht einmal richtig anfangen zu leben, sie würden sagen, wozu? Ich muss ja doch bald gehen. Das wäre kein Leben.

Und genauso verhält es sich mit den geliebten Wesen, die um einen herum sind, mit denen man sein Leben teilt, ein Partner, ein Kind, ein Tier. Manchmal weiß man nicht, dass ein geliebtes Wesen an einer unvermeidbaren Krankheit leidet. Man weiß es einfach nicht, weil diese Krankheit nicht sofort feststellbar ist. Das Wesen lebt gesund und munter und eines Tages stirbt es, weil die Krankheit so weit fortgeschritten ist, dass es keine Rettung mehr gibt. Man kommt sich schäbig vor, weil man das Gefühl hat, etwas unterlassen zu haben. Man stellt sich die Frage, wenn man einfach mal zum Arzt gegangen wäre, einen Gesundheitsabgleich zu machen, hätte man dann das jähe Ende verhindern können?

Aber wer geht schon zum Arzt, wenn er gesund ist?

Manchmal muss es so sein. Manchmal soll niemand wissen, dass eine unheilbare Krankheit schlummert, manchmal ist es wichtig, dass man nicht helfen kann, weil sonst die natürliche Ordnung durcheinandergerät. Ein Wesen, das nicht selbstständig lebensfähig ist, geht von dieser Welt, so hat es die Natur in ihrer großen Weisheit eingerichtet.

Was nutzt ein Medikament, welches das Unvermeidbare nur herauszögert? „Aber Medikamente haben schon vielen Menschen zu einem ausgefüllten Leben verholfen", sagt ihr. Das ist richtig. Dennoch ist es ein Leben in Abhängigkeit. Ein unselbstständiges Leben, stets auf die Mithilfe von außen angewiesen. In diesem Falle würdet ihr klammern, ihr lieben Menschen, das ist nur allzu verständlich. Ihr würdet nicht wollen, dass euer geliebtes Mitwesen euch frühzeitig verlassen muss, nur weil es kein Medikament bekommt. Ihr wäret nicht bereit, loszulassen, wenn ihr wüsstet, ein Medikament würde helfen. Ihr würdet alles dafür tun, das Leben zu erhalten, das euch umgibt und euch so viel Freude schenkt oder euch glücklich macht mit seiner Anwesenheit.

Das plötzliche Ableben eines geliebten Wesens hat oft den Grund, dass eure gemeinsame Zeit jetzt zu Ende ist und ihr keine Möglichkeit haben sollt, euch auf die Situation einstellen zu können. Manchmal ist es notwendig, dass ein abruptes Ende stattfindet, um euch ohne Umschweife in eine neue Richtung zu lenken. Wenn also euer Partner oder Kind oder Tier euch ganz plötzlich verlässt, dann seid versichert, hat das den Grund, dass ihr sofort eure bisherige Lebensweise verändern müsst, weil etwas vollkommen Neues zu euch kommen will, das nicht kommen könnte, wäre der geliebte Mensch oder das geliebte Tier noch bei euch. Das aber kommen muss, weil ihr es vor eurer Inkarnation so beschlossen habt. Ihr habt beschlossen, diese Erfahrung zu machen, damit ihr euren neuen Weg finden könnt, der euch sonst verborgen bliebe.

Hadert nicht mit eurem Schicksal, wenn es euch das Liebste nimmt, das ihr auf der Welt hattet. Seid dankbar, dass ihr die Möglichkeit hattet, zusammen mit diesem Wesen so wunderbare Erfahrungen machen zu können, die euch auf eurem weiteren Lebensweg, den Weg der geistigen Weiterentwicklung, so einen entscheidenden Schritt voranbringen. Seid dankbar für die Zeit, die ihr teilen konntet. Seid dankbar für die Liebe, die ihr erfahren habt. Seid dankbar für die Verbundenheit, die ihr hattet, und für die Fürsorge, die ihr einander entgegenbringen konntet.

Wenn ein Wesen von euch geht, das nur ganz kurze Zeit bei euch war und euch dann plötzlich wieder verlässt, fragt ihr euch: „Warum jetzt schon? Wir wollten doch noch so vieles miteinander erleben?“ So lasst euch gesagt sein, ihr werdet unter Umständen ganz andere Dinge erleben als die, die ihr euch ausgemalt habt. Ihr sollt womöglich gar nicht diese Dinge erleben, die ihr euch vorgestellt habt. Ihr sollt womöglich einen ganz anderen Weg gehen, der besser für euer Wohl geeignet ist. Denkt immer daran, dass alles, was geschieht, nur zu eurem allerhöchsten Wohle geschieht und dass ihr allezeit gut beschützt und geliebt seid.

Das Schicksal erscheint gnadenlos, wenn es so plötzlich jemanden von eurer Seite reißt. Aber ich sage euch, nennt das nicht Schicksal. Es war euer eigener Wille, selbst wenn euch das nicht bewusst ist, nicht bewusst sein kann. Das ist der höhere Plan, den ihr zusammen mit der anderen Seele vor eurer Inkarnation ausgearbeitet habt. Ein weiser Plan, denn er hilft euch weiterzukommen. Hadert nicht mit diesem Plan, den ihr nicht erinnern könnt in eurer menschlichen Inkarnation, von dem ihr im Nachhinein nichts wissen wollt, der euch quält und in tiefe Trauer stürzt. Es ist dennoch ein guter Plan und ihr werdet nach einiger Zeit sehen, wie er weitergeht. Seid offen und neugierig und heißt das Neue in eurem Leben willkommen.

Wenn ich sage, es war euer eigener Wille, so meine ich nicht das Gesetz der Anziehung, das euch das beschert, was ihr euch, bewusst oder unbewusst, wünscht. Der Tod steht jenseits dieses Gesetzes. Er kommt zu allen Lebewesen, früher oder später machen alle Lebewesen diese Erfahrung. Das Gesetz der Anziehung bringt euch Erfahrungen, die ihr in euer Leben selbst hineinholt kraft eurer Gedanken. Doch der Tod kommt auch, ohne dass er herangezogen wird. Er kommt, wenn es Zeit ist zu kommen, nicht früher und nicht später. Er ist ein Teil des Lebens, er ist unausweichlich. Und wenn er da ist, nehmt ihn an, akzeptiert die neue Situation, kämpft nicht gegen sie an, ihr würdet verlieren.

Dabei sollt ihr doch gewinnen. Neue Erkenntnisse, neue Erfahrungen, neue Freiheiten. Ihr sollt gewinnen. Und ihr könnt nur gewinnen, wenn ihr euch hingebt in den Augenblick. Wenn ihr dem Fluss des Lebens vertraut, der euch sicher an euer Ziel gelangen lässt. Wenn ihr nicht gegen ihn anschwimmt, sondern euch treiben lasst. Alles, was ihr tun müsst, ist, ein bisschen zu rudern, damit ihr nicht aus dem Gleichgewicht geratet. Doch das kann ohne große Anstrengung geschehen. Das Wasser trägt euch, das Leben trägt euch. Und wenn ihr auf eure innere Stimme vertraut, wird es euch sicher zum Ziel führen.

Der Tod rechtfertigt nicht das Leben. Der Tod bestimmt sich selbst. Er ist endgültig und unwiderruflich. Der Tod rechtfertigt nicht das Leben. Er ist aus sich selbst heraus. Ein Teil des immerwährenden Zyklus des Lebens, des immerwährenden Rhythmus von Vergänglichkeit und Wiedergeburt. Der Tod rechtfertigt nicht das Leben. Das Leben ist ein natürlicher Fortschreitungsprozess des Todes, der Tod ist eine natürliche Folge des Lebens. Der Tod rechtfertigt nicht das Leben, er *ist* Leben. So sei es.

Das Leben

Das Leben ist für alle Lebewesen die Existenz des Seins. Ohne Leben kein Weiterkommen, ohne Weiterkommen kein Leben.

Leben bedeutet nicht einfach sein als Hülle, Leben bedeutet Erfahrungen machen, glücklich sein, Liebe schenken, Liebe empfangen. Leben bedeutet nicht nur, sich immer Sorgen zu machen über das Leben selbst, es bedeutet, den Weg zurück zu Uns zu gehen, zu Gott, ins Licht, von wo die Seele einst kam. Leben bedeutet, den Sinn für sich selbst zu erkennen und die Dinge zu nehmen, wie sie kommen, um das Beste aus dem zu machen, was man hat.

Not und Leid sind nur Illusionen, die der Mensch sich selbst auferlegt, so lange, bis er erkennt, dass diese Erfahrungen nur dazu dienen, überwunden zu werden und frei zu sein. Frei im Geiste.

Leben bedeutet Fortpflanzung, Erhaltung der Art. Kinder in die Welt setzen, erziehen und verdammen zu eigenen Erfahrungen. Ich betone den Ausdruck verdammen als gegeben. Ihr verdammt eure Kinder dazu, ihren Weg selbst zu gehen, indem ihr sie in diese Welt entlasst, ohne sie wirklich darauf vorbereitet zu haben, was sie da draußen erwartet. Die Weisheit, die sie in ihren Kinderseelen hatten, habt ihr vernichtet durch Regeln und Moralvorstellungen, die ihr ihnen anerzogen habt. So ist der Lauf der Welt.

Eure Kinder müssen nun lernen, ihre wahren Werte wiederzufinden. Ein schwieriges Unterfangen in den heutigen Gesellschaften der Erde. Dies ist eine Verdammnis, aus der ihr sie befreien könnt, wenn ihr euch zuvor selbst befreit habt.

Darum sollt ihr lernen, was Leben wirklich bedeutet: Weisheit lernen, Weisheit lehren, Weisheit leben. Freien Willen kundzutun, freien Willen handeln und freien Willen leben.

Ihr seid noch nicht frei, darum werdet ihr von vielen Lichtarbeitern und Gottesbotschaftern der Welt unterrichtet. Seid dankbar für diesen Unterricht und seid Willens zu lernen. Leben bedeutet Weiterkommen in eurer geistigen Entwicklung, den Zyklus von Wiedergeburt und Tod und Wiedergeburt und Tod … zu durchbrechen und einzugehen in Gottes Ewigkeit. Das ist es, wonach ihr strebt.

Die meisten von euch tun das unbewusst. Sie wissen nicht, warum sie auf dieser Welt sind. Sie denken: „So ist es halt", man lebt sein Leben, geht morgens zur Arbeit und abends wieder heim, isst etwas, schaut in den Fernseher und geht dann zu Bett, um am nächsten Morgen wieder aufzustehen, zur Arbeit zu gehen, um dann abends wieder heimzukommen, etwas zu essen, ein bisschen Fernsehen zu schauen und danach ins Bett zu gehen, um am nächsten Morgen wieder aufzustehen … Am Wochenende macht ihr dann „irgendwas" anderes, um ein bisschen Abwechslung in euren ewig gleichen Rhythmus zu bringen, damit ihr seht, ob ihr überhaupt noch lebt.

Aber tut ihr das denn so? Lebt ihr oder marschiert ihr vor euch hin als braves Mitglied einer funktionierenden Gesellschaft, die immer nur euer Bestes will? Aber wollt ihr euer Bestes, indem ihr solch ein tristes Leben führt?

Ich spreche so nicht für euch alle, denn es gibt viele Menschen, die ihre Arbeit voller Freude und mit Liebe tun. Doch für die meisten von euch trifft das nicht zu. Ihr lebt solch ein Leben, weil ihr eine Verantwortung zu haben glaubt für eure Familien, die ihr ernähren müsst.

Aber die Weisheit des Lebens habt ihr dabei vergessen. Euren Kindern bringt ihr folglich keine Weisheit bei, sondern eure Art zu existieren als Hülle, weil das eben nun mal so ist.

Dass es auch anders sein kann, wollt ihr nicht wissen, denn ihr fürchtet euch vor Veränderungen. Veränderungen sind aber genau das, was das Leben ausmacht. Leben ohne Veränderung bedeutet Stagnation, und Stagnation bedeutet Tod. Leben und Tod zur gleichen Zeit ist aber nicht dienlich für euer Voranschreiten. Wollt ihr leben oder wollt ihr tot sein? Wollt ihr leben oder wollt ihr tot sein?

Wollt ihr leben, dann lebt und besinnt euch der Weisheit, die ihr als Kinder besessen habt. Lehrt eure eigenen Kinder, wieder nach dieser Weisheit zu leben. Das bedeutet, unterstützt sie in ihrem Vorhaben, nur die Dinge zu tun, die ihnen Freude machen. Zwingt sie nicht, Dinge zu tun, die sie verabscheuen oder gegen die sie einen Widerwillen haben, weil sie den Sinn des Tuns nicht nachvollziehen können oder einfach nur nicht das Talent für die erzwungenen Dinge haben.

Lasst sie leben, lasst sie spielen, toben, schreien, lachen, weinen, essen, wenn sie Hunger haben, schlafen, wenn sie müde sind. Lasst sie Kinder sein, unbescholten und unschuldig, voller Gottvertrauen und Vertrauen in euch und eure Weisheit.

Verderbt sie nicht, indem ihr ihnen eure Art zu leben aufzwingt. Tut das nicht, ihr lieben Menschen. Die Kinder sind euer höchstes Gut, sie sichern eure Zukunft. Schenkt ihnen das Leben, das ihr verloren habt. Seid wie sie, lebt, wie es euch in den Sinn kommt. Erfreut euch am Sein, erfreut euch des Lebens.

Das Leben, so wie ihr es kennt, existiert erst seit wenigen Jahrtausenden. Doch was wisst ihr über das Leben davor? So gut wie nichts. Ihr mutmaßt über die Evolution und ihr habt wunderbare Erkenntnisse zusammengetragen. Doch immer noch bleibt die Frage offen, wie ist das Leben entstanden? Was ist Leben überhaupt?

Ist Leben das, was ihr tut, existieren in einer Gesellschaft, die ihr nach eurem eigenen Gutdünken aufgestellt habt, deren Regeln ihr mehr oder weniger freiwillig befolgt und deren Moralvorstellungen ihr euch einverleibt habt? Oder ist Leben pures Sein, das aus sich selbst heraus existiert, ohne Regeln funktioniert und einfach nur ist, ohne jedwede Moral oder gesellschaftlichen Zwänge?

Es ist das pure Sein, das zählt, euer ureigenes Wesen, das aus den tiefsten seelischen Gründen heraus an die Oberfläche strebt. Euer Sein, das sich selbst bestimmt in eurem Wesen, welches ihr zu verbergen sucht in eurer heutigen Lebensweise.

Kaum ein Mensch ist in der Lage, sein wahres Wesen zu leben. Druck und Zwang von außen behindern und blockieren euer wahres reines Wesen.

Manche von euch haben eine Lebensform gewählt, die nicht der Norm entspricht. Sie leben abseits von gesellschaftlichen Regeln und Gesetzen, teilweise abgeschieden in der Natur oder zurückgezogen in Klöstern oder ähnlichen Selbstfindungs- oder Glaubenseinrichtungen. Manche von euch haben sich entschieden, der Gesellschaft den Rücken zuzukehren, indem ihr euch strikt weigert, die Gesetze zu befolgen, eure eigenen Lebensregeln aufstellt und euch unter dem Deckmantel der Selbstfindung irgendwelchen Gurus oder Führern verschrieben habt. Auch das ist in Ordnung, solange es euren wirklichen Wünschen entspricht.

Was ist aber mit denen, die ihr Selbst so sehr unterdrücken müssen, dass sie Dinge tun, die ihr als kriminell oder abartig beschreibt? Was ist mit denen, die ihr Leben, so wie es ihnen aufgezwungen wird, nicht mehr im Griff haben und im Alkohol- oder Drogenrausch versinken? Was ist mit den so genannten gescheiterten Existenzen, die neben euch in den Großstädten auf der Straße leben müssen und ohne eure Hilfe kaum noch eine Chance haben, zurückzufinden in die Gemeinschaft?

Ihr müsst euch keine Gedanken machen über sie, denn ihr Schicksal ist nicht das Eure und ihr habt auch keine Schuld an ihrem Elend. Doch euer System hat viele Menschen veranlasst, sich zu flüchten in irgendetwas, dass sie befreit aus ihrem Gefängnis. Das Resultat ist sicher nicht das Erstrebenswerteste, dennoch ist es eine Form von Flucht vor dem eigenen Selbst, das in dieser Gesellschaftsform nicht existieren kann. Freiheitsliebende Seelen kann man nicht einsperren in Büros oder Supermärkte, in Betriebe oder Schulen. Sie gehen zugrunde, wenn man sie einsperrt.

Aber eure Art zu leben sperrt die Seelen ein. Eure Art zu leben verhindert freie Selbstentfaltung.

Weil ihr Angst habt, es könnte sich eine Anarchie entwickeln, die ihr dann nicht mehr unter Kontrolle habt. Weil ihr Angst habt, euren Platz in der Gesellschaft zu verlieren, wenn lauter freie Menschen sich tummeln und die Regeln auf den Kopf stellen. Weil ihr befürchtet, Gewalt und Kriminalität nehmen überhand, wenn es keine Regeln und Gesetze mehr gibt.

Weil ihr nicht wisst, was Leben wirklich bedeutet. Eine freie Seele ist glücklich. Eine glückliche Seele hat keinen Drang zur Gewalt. Sie ist glücklich und lebt in Frieden mit sich selbst. Sie braucht keine Regeln und Gesetze, weil sie nach den Regeln der Zufriedenheit lebt, vollkommen gewaltfrei. Denn wer frei ist, muss sich nicht mit Gewalt die Freiheit erkämpfen. Er ist frei zu tun, was immer ihm beliebt. Aber zufriedene Menschen leben auch friedlich. Warum habt ihr also Angst davor, die Gesellschaft zu verändern und sie in die Freiheit zu führen?

Habt doch keine Angst vor Eigenständigkeit der Menschen. Gewalt schürt nur neue Gewalt, und Unterdrückung von Freiheit ist eine schlimme Form von Gewalt, denn die Unterdrückung staut sich, wenn sie nicht ausgelebt werden kann, und wird irgendwann explodieren. Man sieht es dort, wo besonders große Unterdrückung herrscht. Dort ist auch überdurchschnittlich viel Gewalt gegeneinander zu finden.

Wollt ihr so weiterleben oder wollt ihr Frieden? Wollt ihr weiterhin eure wahren Bedürfnisse unterdrücken oder wollt ihr eure Wünsche ausleben und feiern? Wollt ihr Frieden im Herzen oder Krieg untereinander? Wollt ihr Harmonie oder Vernichtung?

Die Seele als reines Wesen ist von Natur aus friedliebend. Sie ist harmoniebedürftig, liebevoll und gütig. Ihr verderbt sie von Anfang an durch Unterdrückung und Zwänge. Befreit die Seelen aus ihren Gefängnissen, die ihr Leben nennt. Schenkt ihnen die Anerkennung, die sie verdienen, lasst sie frei.

Ihr könnt bei euren neugeborenen Kindern anfangen. Ermöglicht ihnen ein Leben in Freiheit und Selbstgestaltung. Die Seele strebt immer ihrem eigentlichen Ziel entgegen: glücklich sein, Freude erleben und empfinden und Harmonie, Liebe zu geben und Liebe zu empfangen. Liebe zu leben.

Die Lebensform, die ihr euch zurzeit ausgesucht habt, wird nicht mehr lange bestehen können, denn sie unterdrückt und tötet die Seelen. Wollt ihr eine Gesellschaft von leblosen Wesen, die nur noch funktionieren wie Maschinen? Wollt ihr den Automatismus von Gefühlen, der auf Knopfdruck reagiert? Wollt ihr die Technik zu eurem Glaubensmodul machen und nur noch euren Maschinen gehorchen? Wollt ihr das wirklich?

Stellt euch vor, ihr seid auf einer wunderschönen Wiese, grün und saftig und voller bunter Blumen. Wie, ihr könnt euch das nicht vorstellen? Ihr wisst nicht, was eine grüne saftige Wiese ist, ihr kennt keine Blumen mehr? Es gibt Orte auf dieser Welt, wo die Menschen tatsächlich noch nie eine natürliche Blume gesehen haben, wo alles künstlich ist, sogar die Tiere.

Ein Szenario aus einem Science-Fiction-Film? Nein, ihr lieben Menschen, der Alltag in einigen Großstädten Chinas zum Beispiel. Eine Industrienation, die schon lange nicht mehr weiß, was Natürlichkeit bedeutet, die schon vergessen hat, was Freiheit bedeutet, die nur noch für und mit den Maschinen lebt, um den Anschluss an die Weltentwicklung nicht wieder zu verlieren. Was aber hat sie tatsächlich verloren? Es ist das Leben selbst.

Diese Menschen verachten euch Westlichen, nicht aus Unwissenheit, sondern aus Unvermögen. Sie verstehen euch nicht, eure Art zu leben ist ihnen fremd. Euer Verständnis von Umwelt und Umweltschutz, euer Verhältnis zu Tieren, euer Verhältnis überhaupt zum Leben. In deren Welt zählt ein einzelnes Leben nicht so viel, es wird nicht so viel Aufhebens gemacht um einen Menschen. Wenn einer ausfällt, wird er ersetzt, denn es gibt genug andere.

Euer Verständnis von Liebe ist ebenfalls nicht anerkannt, denn Liebe zwischen den Menschen erzeugt Lebensfreude. Wenn jemand in einer künstlichen Welt lebt, hat er keine Lebensfreude, er hat zu funktionieren. Doch dies ist ein anderes Thema und ihr sollt euch nicht mit den Lebensweisen anderer Völker und Menschen beschäftigen, sondern über eure eigene nachdenken.

Leben erzeugt Freude. Leben ist Freude. Euer natürlicher Zustand ist Freude. Doch ihr habt leider die Freude verlernt. Die wenigsten von euch sind heutzutage noch in der Lage, wirkliche Freude zu empfinden, sei es an Dingen oder am Leben selbst. Die meisten von euch quälen sich durch dieses Leben, haben tagtäglich mit den, wie ihr es nennt, Widrigkeiten des Lebens zu kämpfen. Quälen sich durch Job und Geldsorgen, durch Streitereien und Konkurrenzkämpfe.

Hört doch bitte auf zu kämpfen. Das Leben ist kein Kampf. Das Leben ist Weiterentwicklung und Voranschreiten, das Leben ist stetige Veränderung und Wandel und der sollte immer nur positiv betrachtet werden, nicht quälerisch. Das Leben ist lebenswert, vergesst das nicht.

Leben bedeutet stetiger Wandel, ich sagte es bereits. Leben bedeutet nicht verharren in einer bestimmten Lebenssituation oder Lebensweise. Verharren ist Stagnation und Stagnation ist Tod, ihr wisst es bereits. Stetiger Wandel und stetige Veränderungen sind im Leben unabdingbar, um eure geistige Weiterentwicklung voranzubringen. Deshalb seid ihr hier auf dieser Welt, um euch weiterzuentwickeln und irgendwann den Zyklus der

Wiedergeburt zu beenden. Das ist euer Lebenszweck. Nun sehen viele von euch diesen Lebenszweck nicht als gegeben, weil sie sich nie mit geistigen Dingen beschäftigt haben. Das ist nicht weiter schlimm, denn jeder entwickelt sich unterschiedlich schnell, und niemand soll deswegen verachtet werden.

Eine jede Lebensentwicklungsstufe hat ihre Berechtigung und ihren Zweck, und sei es nur, einem Weiterentwickelten zu zeigen, dass er weiterentwickelt ist. Das bedeutet nicht Hochmut, es bedeutet schlicht, der eine ist auf dieser Stufe, der andere auf jener.

Diejenigen unter euch, die sich schon für sehr weise und weiterentwickelt halten, sind es in Wirklichkeit nicht, denn wer darüber nachdenkt, ob er schon weiter ist als andere, hat schon bewiesen, auf welcher Stufe er wirklich noch steht: Auf der des Vergleichs und der Wertung. Auch das ist nicht weiter schlimm. Denn für jeden kommt die rechte Zeit zu erkennen, wo er wirklich steht und was er damit erreichen möchte. Ob er weitergeht oder verharrt.

So manch einem von euch, der schon weiter ist, ohne es zu wissen, weil er sich nicht vergleicht, werden besondere Prüfungen auferlegt, um den tatsächlichen Stand zu erkennen. Je nachdem, wie mit den Prüfungen umgegangen wird und ob sie überhaupt als solche erkannt werden, verläuft der weitere Weg. Wer seine Prüfungen als solche erkennt und sie begrüßt als Chance für Veränderung, hat schon die nächste Stufe erreicht. Wer aber verharrt in Selbstmitleid und Qual, muss die Lektion noch einmal wiederholen, so lange, bis der Sinn der Prüfung verstanden wurde. Das kann Jahre dauern oder Wochen, manchmal ist ein ganzes Leben notwendig, manchmal reichen ein paar Tage. Schwer zu verstehen, nicht wahr?

Und wer bestimmt, bei wem es wie lange dauert? Das seid ihr selbst. Doch nur mit Verständnis und Hingabe, mit Demut und Weisheit kann ein solches Projekt bewerkstelligt werden, nicht durch Zwang, nicht durch Erreichenwollen. Manchmal ist ein Umweg vonnöten, um den wahren Weg wiederzufinden. Manchmal fällt der Mensch in eine Grube, aus der er aus eigener Kraft wieder herausklettern muss.

Doch wenn er weiß, er ist nicht allein, weil Wir bereitstehen und helfen, der schafft dies ohne Mühe, denn die meisten Qualen lösen sich von selbst in nichts auf, wenn man den Dingen ihren Lauf lässt und sich nur auf die zu bestehende Aufgabe konzentriert und auf nichts anderes.

Wenn ihr also eine Aufgabe zu tun habt, sei sie geistiger oder weltlicher Art, dann konzentriert euch ausschließlich auf genau diese Aufgabe, auf nichts anderes, und sie wird sich fast wie von selbst lösen und bewerkstelligen lassen. Das ist gemeint mit ein bisschen rudern (auf dem Fluss des Lebens, um das Gleichgewicht zu halten).

Das Leben trägt euch, laßt euch das gesagt sein, es trägt euch.

Das Glück

Oh, welch erstrebenswertes Ziel: glücklich sein! Jeder von euch will es, aber kaum einer von euch ist es.

Wie kommt das, ihr lieben Menschen? Warum gelingt nur wenigen von euch das, was eigentlich alle anstreben? Was unterscheidet euch so sehr voneinander, dass nur wenige von euch dieses Ziel erreichen, wo ihr doch alle derselben Spezies entstammt und gruppenweise alle in derselben Gesellschaft lebt?

Es liegt am unterschiedlichen Denken. Dabei ist nicht allein die Entwicklungsstufe maßgebend, es ist das Gemüt, die Einstellung zum Leben.

Manche Menschen sind sehr einfach, beschäftigen sich weder mit Esoterik oder solchen Themen noch mit Wirtschaft oder Politik oder Umweltschutz. Sie leben einfach, wie es kommt. Das sind die Glücklichen unter euch, die das Leben einfach annehmen und sich keine Gedanken um das Morgen machen. Die sagen: „Wenn ein Problem auftauchen sollte, beschäftige ich mich damit, wenn es so weit ist.“ Die nicht hadern und sich nicht um Dinge kümmern, die sie nichts angehen. Die den Nachbarn Nachbar sein lassen und sich nicht einmischen oder vergleichen mit ihm. Leben und leben lassen lautet ihr Motto und sie fahren gut damit.

Es gibt aber auch solche, die sind schon recht weit in ihrer Entwicklung, haben sich ausgiebig mit spirituellen Themen und solchen Dingen beschäftigt und eine bemerkenswerte Stufe erreicht. Diese haben die Widrigkeiten des menschlichen Denkens schon hinter sich gelassen und stehen deshalb ebenfalls jenseits von Kummer und Sorgen, denn sie wissen, dass sie immer gut beschützt und versorgt sind und dass alles, was sie brauchen, um ein gutes und glückliches Leben zu führen, zur rechten Zeit zu ihnen gelangen wird, weil sie es lassen. Diese Menschen sind ebenfalls glücklich, haben aber einen langen Weg des Lernens hinter sich.

Nun denkt ihr: „Mach ich's doch einfach so wie die Einfachen, kümmere mich um nichts als um mich selbst." Und schon seid ihr reingefallen, denn wer solche Gedanken hegt, zeigt bereits, dass er eigentlich über die Stufe der Einfachheit schon hinweg ist.

Die Einfachen denken nicht, die Intellektuellen denken zu viel. Seid ihr also intellektuell, bleibt euch nichts übrig, als den Weg des Lernens zu gehen. Und der ist nicht immer einfach, das wisst ihr schon. Erstrebenswert sei also für euch, die Widrigkeiten des menschlichen Denkens hinter euch zu lassen, als da wären Neid, Missgunst, Hass, Lug und Trug, Wettkampf und Vergleich, Wertung und Vorurteil. Euch fällt bestimmt noch mehr ein zu dieser Thematik, nicht wahr? Ihr kennt euch selbst am besten, und wenn ihr ehrlich seid mit euch selbst, weil ihr bereit seid, den Weg des Lernens zu beschreiten, dann wird euch noch so einiges einfallen, was man als Widrigkeit des menschlichen Denkens bezeichnen könnte.

Die Frage lautet nun: Wie lasse ich dieses Denken hinter mir? Das geht schließlich nicht von heute auf morgen, hat doch euer ganzes bisheriges Leben aus diesem Denken bestanden, seid ihr doch so erzogen, habt ihr doch die Verhaltensmuster von Generationen eurer Familie übernommen durch eure Erziehung. Was tun, um diese Muster abzulegen?

Zunächst einmal genügt das *Erkennen*, dass es sich um solche Muster handelt. Der nächste Schritt ist das *Anerkennen*, dass man nach solchen Mustern lebt bzw. bisher so gelebt hat. Dann folgt das *Akzeptieren*, dass man so ist, ohne gleichzeitig anzuklagen, dass es so ist. Hat man diese ersten drei Schritte hinter sich, ist man bereit, den nächsten Schritt zu tun. Danach folgt ein *Sichfügen* in die Dinge, die da sind, wie sie sind. Wenn man sich fügt, kann alles fließen und man ist in der Lage loszulassen, was einen behindert. Wer sich sträubt gegen etwas, Dinge oder Situationen, hält sie gleichzeitig fest und blockiert den Fluss. Wer sich fügt, akzeptiert das Leben und vertraut.

Das heißt nicht, dass man Situationen, die einem das Leben schickt, unweigerlich anzunehmen hat, ohne die Dinge zu verändern, die man nicht will.

Es heißt vielmehr, seinen Sinnen zu vertrauen, auf die innere Stimme zu hören und sich zu fragen: Ist es das, was ich wirklich wollte? Ist es das, was ich wirklich will? Habe ich mir die Dinge so gewünscht oder habe ich etwas übersehen, weil das Resultat so, wie es jetzt ist, mich nicht glücklich macht? Ist es das Resultat oder der Weg dahin, der mir das Glück verschafft?

Was ist Glück in diesem Zusammenhang für mich? Kommt es von außen oder habe ich ein Glücksgefühl im Innern? Wenn es von außen kommt, was wäre nötig, um es wieder zu zerstören? Wenn es von innen kommt, gibt es nichts, was in der Lage wäre, es mir wieder wegzunehmen, wenn ich es nicht will. Wenn es von innen kommt, ist es in mir, ein Teil von mir, der durch nichts, was von außen kommt, zerstört werden kann, ohne mich zu zerstören.

Was zerstört mich? Sind es Menschen, die vollkommen anderer Ansicht sind als ich? Sind es Situationen, die scheinbar aussichtslos oder problematisch sind? Habe ich alles getan, um mich selbst glücklich zu machen? Habe ich mich auf andere verlassen und geglaubt, wenn sie so oder so handeln, werde ich glücklich? Habe ich übersehen, warum der Nächste nicht glücklich ist, obwohl ich es bin? Was kümmert mich der Nächste? Kann ich etwas tun, um andere Menschen glücklich zu machen? Habe ich genug Glück in mir, um anderen Menschen abzugeben? Will ich teilen? Will ich alles für mich allein haben? Brauche ich Bestätigung von außen? Habe ich nicht selbst mein Leben in der Hand? Kann es durch niemanden beeinflusst werden, ob es mich glücklich macht? Nur wenn ich es zulasse.

Was heißt es eigentlich, andere Menschen glücklich zu machen? Habe ich nicht gelernt, dass jeder für sein Glück selbst verantwortlich ist? Habe ich nicht hart dafür gearbeitet zu erreichen, was ich erreichen wollte? Wer blieb dabei auf der Strecke? Habe ich auf dem Rücken der anderen mein Glück gemacht? Wenn ja, ist nicht jeder selbst schuld, wenn er dazu beiträgt, dass ich glücklich bin? Ist es eine Schuld, glücklich zu sein?

Es ist nicht mein Fehler, wenn andere Menschen unglücklich sind. Also, was kann ich tun, um das zu ändern? Ist es meine Aufgabe, andere Menschen glücklich zu machen? Wenn ja, warum? Was tun die anderen für mich? Aha, ich vergaß, ich tue es für mich selbst. Wen ich dabei treffe, der mir zu meinem Glück verhilft, ist beschlossene Sache, ich habe es nicht in der Hand. Oder doch? Warum treffe ich im Laufe meines Lebens Menschen, die mich entweder glücklich oder unglücklich machen? Ich treffe sie, damit ich jeweils entscheiden kann, damit ich lernen kann, Erfahrungen sammeln kann. Ein Mensch, der mich unglücklich macht, wurde mir geschickt, damit ich genau das erkennen kann und mich erinnern kann, dass nur ich allein dafür verantwortlich bin, ob es mir gutgeht oder nicht.

Also, ihr lieben Menschen, die ihr das lest, was bedeutet Glück für euch? Wen habt ihr in eurem Leben schon getroffen, der euch scheinbar unglücklich gemacht hat? Seid ihm dankbar, dass ihr nun erkennen könnt, dass er euch nur erinnert hat, wer ihr wirklich seid, und dass ihr selbst für euer Glück verantwortlich seid. Seid ihm dankbar.

Das Glück ist mit den Einfachen. Sie, die sich ihres Glückes nicht bewusst sind, weil sie sich keine Gedanken darum machen, haben das Glück meist gepachtet, wie es scheint. Sie gehen einfach weiter geradeaus, ohne sich Gedanken über den Rückweg zu machen, und kommen immer irgendwie zum Ziel. Und sie sind zufrieden, wenn sie irgendwo ankommen. Wenn das Resultat nicht genau ihren Vorstellungen entspricht, dann fügen sie sich, entscheiden, ob sie es annehmen oder noch einmal versuchen, einen anderen Weg einzuschlagen.

Es gibt immer nur ein Ja oder Nein. Ihr habt immer die Wahl, euren eingeschlagenen Weg weiterzugehen, oder, wenn er euch nicht gefällt, zu verändern. Die Einfachen gehen einfach, sie verweilen nicht im Grübeln, wo der Fehler lag. Sie stellen fest, da war ein Fehler, also noch mal von vorn, vielleicht von der anderen Seite. Und wenn sie erneut scheitern, versuchen sie es erneut.

Nicht immer entwickelt sich ein Weg als der, den ihr euch ausgedacht oder gewünscht habt. Manchmal bedarf es einiger Ereignisse, die euch dazu bringen, den Weg zu überdenken und zu verändern. Das ist gut. Nur die Dummen bleiben stehen, setzen sich hin und geben auf.

Die Einfachen sind nicht dumm, sie sind genügsam. Die Intellektuellen tun sich schwerer, da sie gerne immer vorher genau jeden Schritt überdenken, bevor sie ihn gehen, und dann oft vor lauter Denken gar nicht mehr zum Gehen kommen. Und so grübeln sie dann heute noch, während die Einfachen voller Gottvertrauen einfach losmarschiert sind. Wer ist nun glücklicher?

Hütet euch, ein Urteil darüber abzugeben, denn jeder geht den Weg, der für ihn bestimmt ist. Ich möchte euch lediglich zeigen, dass der Einfache sich das Leben leichter macht.

Einfach sein. Sei einfach. So einfach ist das.

Ich möchte euch dazu eine Geschichte erzählen: „Es war einmal ein Mann, der hatte einen Schwamm. Der Schwamm war ihm zu nass, da ging er auf die Gass'. Die Gass' war ihm zu kalt, da ging er in den Wald. Der Wald war ihm zu grün, da ging er nach Berlin. Berlin war ihm zu groß, da ging er nach Davos. Davos war ihm zu klein, da ging er wieder heim. Daheim war's ihm zu nett, da legt er sich ins Bett." (Quelle: Alter Kinderreim, A. d. Ü.)

Was soll uns diese scheinbar vollkommen unsinnige Geschichte, die jedes Kind lernt, sagen? Dieser einfache Mann, war nie wirklich zufrieden, immer gab es etwas auszusetzen, und er ist einfach immer zum nächsten Schritt übergegangen. Wohin ihn seine Reise auch führte, irgendetwas war immer verkehrt. Erst zu Hause, von wo aus er gestartet ist, fand er das, was er eigentlich suchte. Reine Spekulation sagt ihr? Nun, warum nicht, aber es ist immerhin eine Spekulation, eine Möglichkeit, die Geschichte zu betrachten und vielleicht eine Lehre daraus zu ziehen. Renne deinem Glück nicht hinterher, denn es ruht bereits in dir. Du musst es nur erkennen. „Im Bett war eine Maus, und die Geschicht' ist aus."

Für manche bedeutet Glück, unermesslichen Reichtum zu besitzen, ein großes Haus, ein tolles Auto, viele Freunde in gesellschaftlich anerkannter Stellung. Was ist eigentlich Freundschaft im Zusammenhang mit Glück? Ich werde später darauf zurückkommen.

Bleiben wir beim Reichtum, den viele als das Glück schlechthin betrachten. Dabei denken sie jedoch nicht an den inneren Reichtum, den zum Beispiel weise Lebenserfahrungen mit sich bringen, nein, sie denken vielmehr an Geld, Besitztümer, Macht und Einfluss, vor allem aber Geld. Nun, Geld ist eine feine Sache, nützlich und beruhigend zugleich, und es kann einem durchaus zum Glück verhelfen.

Verteufelt nicht immer das Geld, vor allem das Geld der anderen, ihr Nichtgeldbesitzer. Geld ist in eurer Gesellschaft von großem

Vorteil. Wer Geld hat, ist in der Lage, seine Träume zu verwirklichen, je nachdem, was für Träume das sind. Wer Geld hat, hat es in dieser Welt leichter. Wer kein Geld hat, ist bei euch in den Industrienationen meist unglücklich. Er dünkt sich am Rande der Gesellschaft, er dünkt sich unterhalb des sozialen Netzes. Er dünkt sich ferner nicht selten als Versager, versinkt im Selbstmitleid und gibt auf. Er ist allzu schnell bereit, seinen Mangel auf die anderen in der Gesellschaft zu schieben, vor allem auf die Reichen, denen er ihr Geld neidet, ihr Glück missgönnt. Warum ist das so?

Weil ihr nicht belehrt wurdet darüber, dass das Glück in euch wohnt, nicht außerhalb eurer selbst, nicht außerhalb eures Selbst. Das Glück ist ein Seinszustand, kein äußerlicher Ist-Abkömmling einer festgelegten Norm. Ein glücklicher Mensch ist reich, reich im Innern seines Herzens, reich an Frieden mit sich selbst, reich an Weisheit über das Leben.

Das heißt nicht, dass ein glücklicher Mensch automatisch arm sein muss, das ist Unsinn, auch wenn viele religiöse Gemeinschaften es gerne so hinstellen. Sie behaupten,

Geld verdürbe den Charakter. Wieder ein Unsinn. Was hat Geld mit dem Charakter zu tun? Wenn jemand einen verdorbenen Charakter hat, dann meist schon vorher, wodurch er vielleicht manchmal zu Maßnahmen greift, um an Geld zu kommen, die nicht so wunderbar weise oder „moralisch“ vertretbar sind.

Ein lieber Mensch, der zu Geld kommt, nutzt es sinnvoll. Entweder um seine Ziele zu verwirklichen oder um anderen zu helfen, was auch ein Ziel sein kann. Nicht jeder reiche Mensch ist gleichzeitig verdorben. Viele reiche Menschen haben hart für ihren Reichtum gearbeitet und genießen nun die Früchte ihrer Ernte. Das ist nur gerecht, oder nicht? Ihr schimpft gerne auf die Reichen, die immer noch reicher werden, weil das System sie unterstützt. Das ist wahr. Wenn Reichtum bereits vorhanden ist, hat dieser Reichtum meist die Tendenz, sich noch mehr zu vergrößern, das ist das Gesetz der Anziehung.

Genauso lässt sich dies aber auch auf den inneren Reichtum anwenden: Ist ein Mensch zufrieden, werden immer nur noch mehr Dinge und Ereignisse in sein Leben treten, die ihn noch zufriedener machen. Ist er glücklich, werden Dinge sich ereignen, die ihn noch glücklicher machen. Und wenn es einmal den Anschein hat, dass ihn ein Schicksal trifft, so kann er auch darin ein Glück sehen, weil er inzwischen gelernt hat, alles nur von der guten Seite zu betrachten. Wer ist nun glücklicher? Ihr oder dieser zufriedene Mensch?

Wenn jemand zufrieden ist mit dem, was er hat, und versucht aus allen Lebenslagen und Situationen nur das Beste ihm Mögliche herauszuholen, meint ihr nicht, dass er eines Tages auch materiell reich sein wird, einfach nur, weil er die guten Dinge anzieht und sich zufrieden gibt mit dem, was kommt? So ist es, ihr lieben Menschen, so einfach kann das Leben sein.

Wenn ihr also einmal wieder in einer Notsituation steckt, in die ihr euch durch eure Einstellung selbst hineinmanövriert habt, dann versucht aus dieser Situation den größtmöglichen Nutzen zu ziehen. Erkennt die Chance, die sich euch bietet, einen anderen Weg einzuschlagen.

Dieser Weg fängt im Denken an. Denkt gut, und gute Dinge werden zu euch kommen und euch weiterhin noch besser führen. Denkt groß, dann werdet ihr euch großartig fühlen. Verzweifelt nicht, wenn es ausweglos erscheint, was euch das Leben bietet. Nehmt an in Dankbarkeit und Demut, freut euch, dass ihr am Leben seid und großartige Dinge bewegen könnt. Seid glücklich, wie auch immer sich euer Weg vor euch auftun wird. Seid glücklich ihn zu gehen und wisset, immer noch mehr Glück erscheint denjenigen im Leben, die sich daran erfreuen zu sein.

Also, wo liegt das Glück dieser Erde? In euch, in euren Herzen, in eurem Geist, in eurer Seele. Macht etwas daraus.

Das Bewusstsein

Ein guter Übergang, vom Glück zum Bewusstsein, findet ihr nicht? Wie soll das eine ohne das andere stattfinden können?

Wer sich nicht bewusst ist, erkennt auch das Glück nicht, das ihn umgibt. Nun stellt euch also selbst die Frage: Wie erlange ich Bewusstsein? Mache ich ein Bewusstseinsseminar mit, um mich selbst ein bisschen besser kennenzulernen?

Keine schlechte Idee, solange sie in einem bestimmten Rahmen umgesetzt wird. Viel zu viele Seminare lenken euch auf einen verwirrenden Weg, der euch letztendlich nur noch ein Stückchen von euch wegführt statt zu euch hin. Warum ich das sage? Weil ich tagtäglich mit ansehen muss, wie die Menschen, die ernsthaft suchen, dem Schmu obliegen. Es gibt so viele Möchtegern-Gurus, die sich als spirituelle Lehrer feiern lassen. Muss ein wahrhaft Weiser sich feiern lassen? Haltet euch also fern, wenn mit einer Person Kult betrieben wird. Wenn Bildchen mit dem Antlitz des „Meisters“ für Geld verkauft werden. Wenn so genannte Kraftbilder für Geld verkauft werden. Das alles ist Schmu.

Ein wahrer Meister verkauft sich nicht. Wenn er lehrt, dann soll er eine Aufwandsentschädigung für seine gespendete Zeit nehmen. Das soll er tun. Aber er soll sich hüten, sein Antlitz den „Gläubigen“ zu verkaufen. Er soll sich hüten. Er wird von Uns als Scharlatan entlarvt. Es soll allerdings eine Ausnahme sein: Wenn ein wahrer Meister sich entschließt, aus dem Kult, der um ihn gemacht wird, ohne dass er dazu seine Zustimmung gab – denn so etwas kommt wirklich vor –, Verkäufe zu tätigen, dann soll er den Erlös spenden, einsetzen zum Zwecke des Sinnvollen. Der liegt nicht darin, den Veranstaltern das Geld in die Tasche zu wirtschaften. Ich spreche hier nur von den selbsternannten so genannten „Meistern“, nur von denen. Nicht von den Botschaftern Gottes, die in aller Bescheidenheit die frohe Botschaft verkünden.

Diese sind sich nämlich sehr wohl bewusst, dass ihnen Außergewöhnliches widerfährt, wenn sie in der Lage sind, Uns zu hören und Unsere Botschaft zu verbreiten. Sie sind sich bewusst, welche Gnade es ist, Zugang zu Unserer Welt zu haben. Und sie sollen Unsere Worte auch denen zugänglich machen, die noch nicht die Ohren öffnen konnten. Jeder hilft jedem, so soll es sein.

Bewusstsein resultiert aus einem bestimmten Umgang mit sich selbst. Gelehrt wird es nicht in euren normalen Schulen. Gelehrt wird es höchstens von lieben Menschen, die schon Erfahrungen mit sich selbst machen konnten, die Zusammenhänge des Universums begriffen haben, diese leben und weitergeben. Das Bewusstsein, so wie ihr es versteht, ist eigentlich nichts weiter als ein Schatten eurer selbst. Ihr sagt: „Geh' doch in die Selbstverteidigungsgruppe, da lernst du Selbstbewusstsein.“ Ihr setzt es gerne gleich mit sich sicher fühlen, sich verteidigen können von außen.

Ich aber sage euch, ein wahrhaft bewusster Mensch braucht keine Verteidigung. Er ist selbst seine stärkste „Waffe“, denn er hält mit seinem Wesen alles Übel fern. Er muss sich nicht verstellen, um von anderen anerkannt zu werden, denn er ist er selbst. Er liebt sich, wie er ist, und zeigt somit anderen, es ihm gleichzutun. Ein bewusster Mensch ist bewusst im Umgang mit allem, was lebt in der Welt. Er respektiert alle Lebewesen als gleichwertige Geschöpfe Gottes, bevorzugt keines, setzt keines herab, so wie ihr das tagtäglich tut.

Ihr bestimmt, wer mehr wert ist als der andere. Ihr sagt: „Das ist doch nur ein Tier“, und quält es zu Tode. Ihr sagt: „Das ist doch nur ein Penner“, und tretet ihn mit Füßen. Ihr sagt: „Das ist doch nur ein Schwarzer“, und spuckt auf ihn. Ihr sagt: „Das ist doch nur ein Schwuler“, und prügelt ihn zum Krüppel. Ihr sagt: „Das ist doch nur eine Frau“, und nehmt ihr alle Rechte. Für wen haltet ihr euch? Seid ihr euch eigentlich darüber *bewusst*, was ihr euren Mitlebewesen antut? Und dann geht ihr in den Selbstfindungskurs und sagt: „Ich bin schon ganz schön weit entwickelt, nicht wahr?“

Nun, ihr habt noch ein bisschen zu lernen, und niemand von Uns tadelt euch, gewiss nicht. Ich möchte euch nur darauf aufmerksam machen, was ihr so alles unbewusst tut, obwohl ihr euch brüstet, dass das, was euch vom Tier unterscheidet, das Bewusstsein sei.

Ich wünsche euch: Werdet euch bewusst über euch selbst, indem ihr die Dinge, die ihr täglich tut, ganz bewusst unternehmt. Achtet auf das, was ihr denkt, achtet auf das, was ihr sagt, achtet auf das, was ihr tut. Geht behutsam und liebevoll mit euch ins „Gericht" und entscheidet dann, wenn ihr euch bewusst über euer Bewusstsein geworden seid, was ihr mit der neuen Erkenntnis anzufangen gedenkt. Fangt an, euer Leben bewusst in andere Bahnen zu lenken, wenn ihr feststellen solltet, dass vielleicht ein paar Dinge nicht wirklich lieb sind, die ihr tut. Richtet eure Ziele neu aus. Lebt bewusst ein schönes Leben, eines, das euch Freude bereitet und das ihr jederzeit auch euren besten Freunden empfehlen würdet. Belügt euch nicht selbst, setzt eure Maßstäbe nicht über euer tatsächliches geistiges Niveau. Damit meine ich, stellt ehrlich fest, wo ihr steht, und geht nur in kleinen Schritten voran, die Dinge zu verändern, die euch nicht gefallen.

Wenn ihr bisher unbewusst oft gelogen habt, einfach weil ihr es so gewöhnt wart, weil es euch manchmal bestimmte Dinge erleichtert hat, ihr aber feststellen müsst, dass ihr manchmal gar nicht mehr wisst, was ihr alles erfunden habt und euch verzettelt, dann fangt an, in kleinen Schritten, diese Lügen zu unterlassen. Und wenn ihr feststellt, dass ihr dadurch Unannehmlichkeiten habt, dann seid euch bewusst, dass diese Unannehmlichkeiten schon vorher bestanden haben, dass ihr sie nur weggelogen habt, dass sie aber irgendwann sowieso raus müssen aus eurem Leben, sonst könnt ihr nicht weitergehen.

Werdet euch also bewusst darüber, welche Unannehmlichkeiten euch im Weg stehen und warum, und versucht sie zu beseitigen. Trennt euch von den Menschen, die euch deswegen tadeln, ihr werdet andere finden, die euch wohlgesonnen sind und die eure Umkehr zu schätzen wissen. Vertraut darauf, dass nur die Wahrheit letztendlich zu wahrem Bewusstsein führt. Zum Bewusstsein darüber, wer ihr wirklich seid, wo ihr hergekommen seid und wohin zu gehen eure Seele bestrebt ist.

Ein weiterer Teil eures Bewusstseins soll euch bewusst werden: Es ist das höhere Bewusstsein, das jedem von euch innewohnt, das euch aber meist verschlossen bleibt. Nur wenige von euch haben dieses höhere Bewusstsein bereits erreicht, einige werden es noch erreichen, einige in diesem Leben nicht mehr.

Es ist die Verbindung zu Uns, zur geistigen Welt, die euch neue Horizonte eröffnen kann, wenn ihr wahrnehmt. Eine Verbindung, eine Kommunikation mit Uns eröffnet euch weitere Bereiche eurer Seele, eures Selbst.

Wir sagen euch nicht, wie ihr zu leben habt. Wir helfen euch nur, das Leben und seine Zusammenhänge besser zu verstehen und zu begreifen. Wir lehren euch Weisheit und wie ihr sie anwenden könnt auf euer irdisches Leben. Nur der Weise kommt wirklich zurecht ohne Schaden auf dieser Welt. Der Unweise muss lernen, muss viele Hürden bewältigen, so wie ihr es euch vorgestellt habt vor eurer Inkarnation.

Nur die Hürdenüberwindung führt zum Weg der Erkenntnis. Und wer diesen Weg einmal erreicht hat, hat kaum noch Hürden zu meistern, der Weg wird von Mal zu Mal ebener, bis er schließlich nur noch Weite bereithält, die ihr überschauen könnt, und so nicht mehr vom Weg abkommen könnt.

Schön, nicht wahr, wenn man die Weite erreicht hat und alles ganz klar vor einem liegt? Ist es nicht ein erstrebenswertes Ziel, dieses Bewusstsein zu erreichen, dass ihr Klarheit habt über euch, euer Leben, das Universum, Gott?

Und noch ein Weiteres möchte ich euch mitteilen: Das Bewusstsein liegt näher, als ihr glaubt. Viele Dinge verändern sich zurzeit auf eurer Welt, viele neue Menschen werden geboren, die bereits ein weiterentwickelteres Bewusstsein haben als der „Durchschnittsmensch“. Diese Kinder heißen Kristallkinder, ihre Seele ist ihnen näher im Bewusstsein als euch. Doch sie haben große Schwierigkeiten, mit euch zurechtzukommen. Darum werden sie fälschlicherweise und vollkommen zu Unrecht als hyperaktiv, schwer erziehbar oder gar autistisch bezeichnet.

In Wirklichkeit verhält es sich aber so, dass sie besondere Erziehung benötigen. Ihr wisst nicht, wie ihr mit ihnen umzugehen habt, denn niemand hat es euch gelehrt. Und die Kinder selbst waren einverstanden mit den anfänglichen Schwierigkeiten, die sie mit euch haben würden, einfach allein deswegen, damit ihr die Augen öffnet und euch *bewusst* werdet, dass ihr es mit höher entwickelten Wesen zu tun habt, die euch wiederum lehren.

So versucht also, diese Kristallkinder zu verstehen, indem ihr euer Bewusstsein erweitert und ihnen den Umgang mit euch vereinfacht. Ihr setzt euch mit Wahrheit und Weisheit auseinander, sie lehren euch, wie man sie anwendet. Jeder hilft jedem, so soll es sein.

Kristallkinder haben ein ausgeprägtes Scheitel-Chakra. Viele von ihnen stehen bereits jetzt bewusst mit Uns in Verbindung. Doch wenn die Chakren nicht im Gleichgewicht sind, können sich die positiven Eigenschaften, die ein harmonisches Chakra verbreitet, in negative umwandeln. Man muss diese Kinder also von der Basis an stützen und stärken.

Nur ein Mensch mit gesundem, harmonischem Basis-Chakra kann anfangen, alle weiteren Chakren auf dieser gesunden und harmonischen Basis aufzubauen. Und nur dann kann letztendlich ein harmonisches Scheitel-Chakra entstehen.

Manche Bücher lehren euch genau dies: Wer versucht, zuerst sein Scheitel-Chakra zu kräftigen, ohne für die Harmonisierung der unteren Chakren zu sorgen, weil er denkt, er würde sich dann besonders schnell geistig entwickeln und könnte mit Uns Kontakt aufnehmen (der irrt), wird unter Umständen mit dessen Negativität beschert. Nicht selten endet dies in der Psychiatrie. Also bitte seid bewusst im Umgang mit den Chakren.

Dadurch, dass die bewussten Kinder dazu neigen, alles von einer bereits höher ausgeprägten Verständnisbereitschaft zu betrachten, ihnen aber die Basis fehlt, die eure Aufgabe ist zu vermitteln, kommen diese Schwierigkeiten zustande. Und oft bekommen diese Kinder

Psychopharmaka, weil die „normalen“ Menschen nicht wissen, wie sie verstehen sollen, was vorgeht in den weiterentwickelten Bewusstseinsebenen. Versteht ihr?

Lehrt sie die Basis, ein festes Fundament aus Wahrheit und Aufrichtigkeit, aus Liebe und Verständnis, aus Respekt und Achtung, auf dass sie ihr höher entwickeltes Bewusstsein stützen können. Und sie werden euch zu neuen Bewusstseinsebenen emporheben. So sei es.

Der so genannte menschliche Makel

Ein weiterer wichtiger Punkt in eurem Verständnis von euch selbst ist das Unverständnis von euch selbst.

Die, die sich weiterentwickelt dünken, sehen großzügig über die „Fehler" ihrer Mitmenschen hinweg und akzeptieren ihre eigenen. Was ihr nicht bedenkt, ihr lieben euch fortgeschritten Dünkenden, ist, dass ihr alle keine Fehler macht. Nun schaut ihr aber verdutzt drein, nicht wahr? „Wir haben alle unsere Fehler", sagt ihr, wenn ein Mensch gehandelt hat, wie ihr nicht wolltet. Ihr vergebt oder seht darüber hinweg und sagt: „Nun ja, dann mach es halt besser."

Lasst euch gesagt sein, ihr lieben Menschen, ihr macht keine Fehler, ihr lernt. Alles, was ihr zu meistern habt, dient dem Lernen, der Weiterentwicklung. Um sich weiterentwickeln zu können, muss man Erfahrungen sammeln. Alle Aufgaben also sind Erfahrungen, die ihr sammelt, um euch weiterentwickeln zu können. Dabei könnt ihr aber nichts falsch machen, versteht ihr? Ihr könnt nichts falsch machen. Alles, was ihr tut, ist zu der Zeit, da ihr es tut, das genau Richtige, denn ihr handelt aus bestem Wissen und Gewissen.

Was also könnt ihr falsch machen? Ihr könnt vielleicht feststellen, dass die eingeschlagene Richtung nicht zu eurem höchsten Wohle dient, und erneut einen anderen Weg versuchen. Doch um das zu erkennen, müsst ihr zunächst einen für euch richtigen Weg benutzen. Wie sonst könntet ihr *erfahren*, dass der eingeschlagene Weg nicht der optimale für eure Ziele war? Versteht ihr, was ich sage? Ihr macht keine Fehler, nur Erfahrungen.

Wenn also ein Kind etwas kaputt macht, das euch lieb und vielleicht teuer war, dann sagt nicht: „Du hast einen Fehler gemacht.“ Es war ein Missgeschick. Und sogar das hat seinen Grund. Stellt euch vor, wie ihr reagiert, wenn ein solches Missgeschick geschieht.

Seid ihr verärgert? Seid ihr gar wütend oder noch schlimmer, bestraft ihr das Kind, weil es dieses Missgeschick begangen hat? Dann fragt euch doch bitte, warum ihr so reagiert. Was ist der wahre Grund für euren Ärger?

Es ist nicht das kaputte Teil, es ist etwas in euch, das sich über diesen Gegenstand definiert hat. Wenn dieser Gegenstand nun kaputt ist, dann seid ihr verletzt darüber, weil ihr glaubt, ein Teil von euch würde kaputt gemacht. Aber um das zu erkennen, war es nötig, dass dem Kind dieses Missgeschick passiert ist. Ihr hättet sonst noch länger euer Selbst darüber definiert und das Kind hat euch geholfen zu erkennen. Versteht ihr?

Und negiert nicht. Alles, was ihr euch in eurem Leben an materiellen Dingen um euch herum anschafft, ist ein Teil eurer Persönlichkeit, die sich darüber definiert.

Die Weisen, aus den östlichen Gefilden dieser Welt, versuchen seit Jahrhunderten euch zu lehren, dass ihr euch nicht an materielle Dinge klammern und heften sollt. All das ist vergänglich. Nicht vergänglich ist aber der Teil in euch, der ihr wirklich seid. Den zu finden ihr hier auf dieser Welt seid. Diesen zu finden ist euer Seelenziel und dafür braucht ihr keine Besitztümer, an denen ihr euch festhaltet, dafür braucht ihr keinen Reichtum. All das befindet sich längst in eurem Innern, ihr müsst es nur wieder finden.

Da ihr vor Gott bereits mit allem ausgestattet seid, was euch ausmacht, braucht ihr euer Leben nicht damit zu vergeuden, Besitztümer anzuhäufen, die nach eurem Dahinscheiden sowieso in andere Hände fallen. Was kümmert es euch dann noch? Ihr seid perfekt vor Gott. Ihr habt alles, was ihr braucht, um euch selbst zu finden, bereits in euch. Warum also denkt ihr, ihr seid fehlerhaft? Warum bestrebt ihr einander, die Makel auszulöschen, die euch eurer Meinung nach behaften?

Was ist ein Makel? Eine äußere Erscheinung, die nicht der Norm entspricht, das ist eine Definition. Ein makelloser Mensch hat einen makellosen Körper, eurem Verständnis nach gut gewachsen (was ist das eigentlich? Die Mode ändert sich doch ständig), schlank (ihr macht daraus dürr, ihr unvernünftigen jungen Frauen!), ebenmäßig, porentief rein.

Wie steht es mit der Reinheit eures Geistes und der eurer Seele? Neid, Missgunst und Ähnliches machen sich breit, während ihr darauf achtet, makellos zu sein. Wie passt das zusammen?

Wer makellos ist, bestimmt die Industrie, nicht der einzelne Mensch. Ihr ordnet euch unter und verbiegt euer selbst, nur um nach außen hin makellos zu sein, Erfolg zu haben, anerkannt zu sein. Wer schön ist, im Sinne von makellos, hat es im Leben leichter. Das denkt ihr und so verhaltet ihr euch auch.

Und das ist schlimm für die, die nicht makellos sind, die einen Makel haben, eine große Nase oder ein schiefes Gesicht oder einen Buckel oder zwei lahme Arme. Die haben es schwer bei euch. Sie bekommen kaum eine Chance zu zeigen, wer sie wirklich sind. Sie werden versteckt und klein gehalten, doch ihre Herzen sind meist die größten. Ein makelbehafteter Mensch wird komisch angeschaut, gemieden. Ihr habt Angst vor solchen, weil ihr nicht wisst, wie ihr über den äußeren Makel hinwegsehen sollt. Ihr habt aber keine Probleme damit, die kleinen Lügen des Alltags zu verzeihen oder die Gemeinheit, die ihr einander angetan habt. „Vertragen wir uns wieder? Es war nicht so gemeint. – Ist gut.“

Aber wie geht man mit diesem verzerrten Wesen um, das uns im Rollstuhl entgegengeschoben wird? Am besten, wir schauen in eine andere Richtung. Versteht ihr, was ich sage?

Was also ist ein Makel? Eine äußere Erscheinung, eine seltsame Charaktereigenschaft oder einfach nur Einbildung?

Würdet ihr ins Innere der Herzen schauen, würdet ihr erkennen: Jedes Individuum ist einzigartig und absolut perfekt. Egal ob es „schön“ oder „hässlich“ ist, egal ob es „gute“ oder „schlechte“ Dinge tut. Ihr alle seid perfekt und ihr alle habt eine bestimmte, nur euch zugedachte Aufgabe in diesem Leben zu erfüllen.

Alles hat seinen bestimmten Grund und Sinn. Alles, was passiert, ist interaktiv. Jede Begegnung mit allen Menschen untereinander hat irgendeinen Zweck. Schaut hinter die Fassade und versucht den Menschen in seiner

Einzigartigkeit zu erkennen, in seiner Großartigkeit, in seiner Perfektion.

Oder, für die Gläubigen unter euch, glaubt ihr im Ernst, Gott würde in Seiner unendlichen Weisheit einen Fehler machen bei Seiner Schöpfung? Glaubt ihr, Gott würde einen Fehler machen? Warum also glaubt ihr, dass ihr Fehler macht, wo ihr doch nach Gottes Ebenbild geschaffen seid? Ihr versteht schon, nicht wahr? Selbst die Atheisten unter euch, die die Erschaffung der Welt rein sachlich im Sinne der Evolutionstheorie betrachten (was selbstverständlich korrekt ist), glaubt ihr, die Natur könnte sich geirrt haben, als sie euch Menschen hat entstehen lassen?

Warum also hört ihr nicht auf, die Fehler der anderen Menschen oder eure eigenen Fehler zu sehen und zu bewerten? Das führt nur immer wieder zu „ach, hätte ich nur …“-Sätzen und wo bringen die euch hin? Nirgendwo. Statt zu betrachten, was ihr gemacht habt, bewertet ihr, und daraufhin fällt ihr Urteile, die euch wiederum blockieren in eurer Weiterentwicklung. Würdet ihr nur betrachten, könntet ihr sofort erkennen, wo ihr euch selbst in die Irre führt, und einen dienlicheren Weg einschlagen.

Das Leben besteht aus einem ewig während-renden Lernprozess, der erst zu Ende geht, wenn ihr diese Welt verlasst und zu Uns kommt. Bis dahin lernt ihr und lernt und lernt und versucht und betrachtet eure Versuche. Schaut ab und zu zurück, um zu erkennen, was ihr bereits hinter euch gelassen habt. Und dann geht weiter. Und betrachtet euer Leben. Entscheidet, wie ihr leben wollt, und haltet euch nicht auf damit, über eure „Fehler“ nachzudenken. Ändern könnt ihr im Nachhinein nichts. Aber in Zukunft.

Ihr macht keine Fehler, ihr lieben Menschen, nur Erfahrungen. Damit meine ich allerdings nicht die Fehler, die ihr macht, wenn ihr euch z. B. bei einer Rechenaufgabe verrechnet. Wenn ihr solche Aufgaben zu lösen habt oder euch vertippt etc., dann macht ihr natürlich Fehler. Diese Fehler sind aber nichts weiter als Schusseligkeiten und nicht im Sinne von Erfahrungen zu betrachten, ihr versteht mich.

Ich möchte noch eine weitere Anmerkung zum Thema menschlicher Makel machen: Wenn ihr euch verrennt in eine Annahme oder Ansicht, in eine Meinung oder Sturheit, dann sei das als Makel benannt. Wenn ihr euch strikt weigert, eure geistige Weiterentwicklung voranzutreiben, bloß aus Unwissenheit über eure wahren Talente, dann ist das als Makel zu bezeichnen. Wenn ihr euch unterordnet, einem System, das euch zutiefst zuwider ist, weil es euer Selbst zerstört, aber ihr tut es aus Angst heraus, aus Angst vor Unsicherheit und Ähnlichem, dann ist das als Makel zu bezeichnen.

Dennoch benenne ich diese Verhaltensweisen nicht als Fehler. Nur eure Unperfektion im Sinne der menschlichen Größe ist als Makel zu bezeichnen.

Ich weiß, ich verwirre euch, doch ich bitte euch auch, denkt darüber nach. Was bedeutet euch Perfektion im Sinne eures geistigen Weiterkommens und im Sinne eurer weltlichen Anschauungen? Nach außen hin bemüht ihr euch, euer wahres Ich zu vertuschen, wenn es nicht in die Norm passt, die euch aufgezwungen wird. Innerlich verbiegt ihr euch, weil euch diese Norm aufgezwungen wird. Was daraus entsteht, ist ein Makel. Ein Fehler in dem Sinne, dass bei der Kreation eures Selbst etwas falsch gemacht wurde, was wissentlich zu verhindern gewesen wäre, wenn ihr zum einen ehrlich wärt, zum andern mutig und zum letzten vor allem ihr selbst.

Das, was ihr schaffen könntet, wäret ihr nicht so verleitet durch eure Gesellschaftsform, wäre das perfekte Bild eures Selbst. Das, was ihr tatsächlich schafft, aus euch selbst macht in diesem Leben, ohne an eure wirkliche Bestimmung und Aufgabe zu denken, das ist der Makel, das Abbild eines erfundenen, nicht realen Wesens. Versteht ihr, was ich sage?

Ihr schafft euch den Makel als Abbild eures wahren Wesens, anstatt ein Selbstbild daraus zu machen, ein echtes Kreativum. Versucht zu verstehen, was die Industrie, das menschliche Industriezeitalter, welches dabei ist, abgelöst zu werden von dem so genannten Goldenen Zeitalter, aus euch Menschen gemacht hat, bis zu diesem Zeitpunkt.

Wieder sage ich, euch ist kein Fehler unterlaufen. Doch sobald ihr euch dessen bewusst werdet und ihr dennoch so weitermacht wie bisher, dann schafft ihr den Makel, den auszulöschen ihr dann kaum noch in der Lage sein werdet. Wir werden das dann für euch übernehmen, aber das ist jetzt nicht Gegenstand meiner Mitteilung an euch, ihr lieben Menschen.

Makellos wollt ihr sein, dann seid makellos. Seid ihr selbst, perfekt, wie Gott euch schuf, in allen euren Lebenslagen und mit allen euren Facetten. Seid, wer ihr seid, das ist makellos. Seid, wer ihr seid.

Die Liebe

Das Schönste, was Gott euch geschenkt hat, ist die Liebe, und was tut ihr damit?

Die Liebe Gottes ist allumfassend, bedingungslos, allgegenwärtig und wertbeständig. Mit wertbeständig meine ich, dass sie jenseits wertiger Schwankungen liegt, wie sie so vielen Dingen und Modeerscheinungen unterworfen sind. Ständig ändert sich das, was liebenswert erscheint. Heute sind es kleine Hunde, morgen technische Spielereien und immer heißt es: „Ich liebe dies und ich liebe das." Aber über die wahre Bedeutung dieses erhabenen Wortes sind sich die wenigsten unter euch wirklich bewusst.

Sie sagen: „Ich liebe dich", meinen damit aber den Körper oder die Ausstrahlung oder das Geld des anderen. Sie sagen: „Ich liebe dich", und prügeln aufeinander ein. Sie sagen: „Ich liebe dich", und verlassen sich gegenseitig. Seltsames Verständnis von Liebe, findet ihr nicht? Was also ist die Liebe wirklich?

Ist es das höhere Selbst, das euch allen innewohnt, oder ist es die Verbindung zu Gott, die man nur in Religiosität findet, oder ist es die Liebe zur Natur, die man nur dann wirklich genießen kann, wenn man ganz allein für sich ist? Ist es die Verbindung zu seinem inneren Wesen, die man verleugnet, um sich zu schützen? Aus Angst?

Liebe und Angst gehen nicht nebeneinander her. Liebe und Angst schließen einander aus. Man kann nicht gleichzeitig lieben und Angst haben. Nicht wirklich. Nicht, wenn man wirkliche wahre Liebe erfahren hat. Wahre Liebe nimmt jegliche Angst hinfort.

Wenn ein Mensch sich ganz frisch „verliebt" hat, fühlt er sich in die höchsten Höhen emporgehoben, nichts und niemand scheint ihn aufhalten zu können, nichts und niemand scheint in der Lage zu sein, dieses Glücksgefühl zerstören zu können. Er ist zu allen großen Dingen fähig, hat unglaublichen Schwung und scheint unbesiegbar. Was aber, wenn dieser erste Höhenflug zu Ende ist, wenn die

Realität ihn einholt? Wenn der Alltag die Liebenden auffrisst und die Liebe in Gewohnheit umschlägt? Was dann? Spätestens dann sollte euch bewusst geworden sein, dass es sich nicht um die wirklich wahre Liebe handeln konnte, die ihr da versucht habt zu leben. Spätestens dann sollte euch klargeworden sein, dass es da noch etwas anderes gibt.

Die reine Liebe, die aus dem tiefsten Innern des Herzens kommt, strömt über und hüllt euch ein mit ihrer wunderbaren Energie. Diese Liebe ist unvergänglich. Keine äußeren Umstände können ihr etwas anhaben, sie ist frei und unabhängig. Sie wertet nicht, sie urteilt nicht. Sie umhüllt alles, was lebt, sie stellt keine Fragen und erwartet keine Antworten. Die Liebe *ist*.

Stellt euch vor, ihr trefft die Liebe eures Lebens. Ihr schwebt auf „Wolke sieben", seid voller Tatendrang und Kraft, nichts und niemand kann euch stoppen. Stellt euch vor, ihr plant mit dieser Liebe, euren Lebensabend zu verbringen. All eure Zeit, die ihr auf dieser Erde noch zur Verfügung habt, wollt ihr mit diesem Menschen verbringen. Ihr baut ein

Haus, bekommt Kinder, baut euch ein Leben zu zweit oder mehr auf und habt euer Glück gefunden. Stellt euch vor, alles ist perfekt, alles stimmt und ist genauso, wie ihr es euch immer gewünscht habt. Und jetzt stellt euch vor, ein Schicksal trennt euch wieder. Nein, bitte versteht mich nicht falsch, ihr sollt euch nicht das Schlimmste vorstellen.

Ich möchte nur, dass ihr euch bewusst macht, dass nichts ewig wärt und dass ihr die wahre Liebe nur in euch selbst finden könnt. Wenn ihr plötzlich und unerwartet alleine dasteht und euer vermeintliches Glück mit dem geliebten Menschen auf einmal vorbei ist, was tut ihr dann? Viele vergrämen sich, viele danken ab. Sie wollen nie wieder verletzt werden und sich deshalb der Liebe nicht mehr öffnen. Sie haben Angst, wieder ein Leid zu erleben, wenn die Liebe auf einmal vorbei ist, durch welchen Umstand auch immer. Das kann ein Unglück oder einfach ein Auseinanderdriften von zwei Menschen sein.

Die Liebe lässt sich nicht auf einen anderen Menschen projizieren, sie entsteht immer nur im Innern eines jeden.

Viele von euch können mit einer Trennung nicht umgehen. Viele von euch verzweifeln, wenn sie verlassen werden. Am schlimmsten scheint es zu sein, wenn ein Mensch den andern wegen eines Dritten verlässt. Dann beginnt ihr zu vergleichen. Ihr denkt, was hat die/der, das ich nicht habe? Wie kann ich mich verändern, um wieder geliebt zu werden?

Seht ihr, was ich sage? Warum solltet ihr euch verändern, nur um einem Anderen zu gefallen? Gefallt ihr euch selbst nicht? Warum vergleicht ihr euch mit anderen? Seid ihr nicht einzigartig und unvergleichlich? Erkennt ihr? Wenn ihr in eurer scheinbaren Liebe getrennt werdet, dann liebt weiterhin euch selbst, und nichts und niemand kann euch Schmerz bereiten.

Niemals solltet ihr weinen um einen Menschen, der noch lebt, denn er folgt seinem Herzen. Er verlässt euch, damit ihr weiterkommt. Ihr verlasst ihn, damit ihr weiterkommt. Alles, was geschieht, geschieht nur zu eurem Weiterkommen. Seid nie ärgerlich, wenn ein Mensch euch eingesteht, er liebe euch nicht mehr. Die wirklich wahre Liebe hat dieser Mensch noch nicht gefunden.

Ein wahrhaft liebender Mensch ist immer in der Liebe, er beschränkt sich nicht auf einen Menschen, er liebt alle Menschen, einfach weil sie Menschen sind. Wer so weit schon gekommen ist, bleibt freiwillig bei euch, eine bestimmte Zeit nur oder sein ganzes Leben. Er braucht keinen Trauschein, um das zu beweisen, er kann aber heiraten, wenn er es wünscht. Er verspricht nichts auf Lebenszeit, was er nicht zu halten wissend ist.

Wer kann schon sein ganzes Leben voraussehen? Zwingt also niemanden, ein Versprechen abzugeben, das er nicht halten kann, einfach weil er nicht wissen kann, was kommt. Seid dankbar für jeden Augenblick, den ihr mit dem euch auserwählten Menschen verbringt, denn ihr wisst nie, wann es zu Ende ist. Haltet euch nicht auf in Zank und Streit, sondern erkennt vielmehr, dass Zank und Streit mit Liebe nicht das Geringste zu tun haben. Sagt nicht: „Sich mal zu streiten ist doch normal“, denn das ist es nicht.

Liebe streitet nicht. Streit ist destruktiv und Liebe ist immer konstruktiv, immer. Sonst ist es keine Liebe. Stellt ihr also fest, dass ihr in einer Liebe destruktiv handelt oder fühlt, so seid versichert, die wahre Liebe steckt nur in euch selbst und hat somit ihr wahres Ventil noch nicht gefunden, denn sonst wärt ihr konstruktiv.

Auf der Suche nach der wahren Liebe im Äußeren seid ihr gut beraten, wenn ihr zunächst auf die Suche nach der Liebe im Inneren geht. Das Äußere fügt sich dann von selbst, und der Mensch, der für euch bestimmt ist, wird euren Weg kreuzen, so oder so, denn der Mensch soll nicht allein verweilen. Hütet euch aber davor, etwas erzwingen zu wollen, ihr würdet vergeblich suchen.

Haltet Abstand von diesen vielen Partnervermittlungsstellen, die euch nur euer Geld aus der Tasche ziehen wollen. Euer Partner, im wahrsten Sinne des Wortes gemeint, wird euch finden. Ihr würdet nur verwirrt und abgelenkt auf der Suche nach der wirklich wahren Liebe in eurem Herzen, versteht ihr, ihr lieben Menschen?

Liebt ihr ein Tier oder einen Menschen oder einen Gegenstand? Wenn ihr Liebe erkannt habt, macht es keinen Unterschied mehr, was ihr liebt, denn Liebe ist euer natürlicher, immerwährender Zustand gegenüber allem, was euch in eurem Leben begegnet. Jede Situation, jeder Umstand, jeder Mensch, jedes Tier, das euren Weg kreuzt, wird mit Liebe begrüßt und angenommen, geehrt und geachtet. Weise seid ihr, wenn ihr diesen Zustand der Liebe erreichen könnt.

Wäre dies nicht eine schöne Vorstellung für euer Leben, den Zustand der allumfassenden Liebe zu erreichen? Wäre das nicht erstrebenswert? Lasst es euch durch den Kopf gehen. Entscheidet bedacht. Ihr habt ein ganzes Leben Zeit dazu. Niemand soll zur Liebe gezwungen sein, jeder soll selbst entscheiden können. Wer ein Leben in Schein leben will, dem sei dies gestattet.

Jede Entwicklung hat ihre bestimmte Zeit und jede Entwicklung ist gleich ehrerbietungswürdig. Jeder Mensch in seinem gegenwärtigen Entwicklungsstadium ist gleich ehrerbietungswürdig. Jeder Mensch verdient die gleiche Achtung, den gleichen Respekt, egal was er tut. Jeder Mensch hat seine persönliche Aufgabe zu erfüllen, ob es dem Nächsten nun gefällt oder nicht. Jeder Mensch verdient den gleichen Respekt. Wer wirklich liebt, hat dies erkannt. Denn lehren nicht eure Religionen: Gott liebt alle Menschen gleich? Und seid nicht ihr ein Abbild Gottes? Seid nicht nur äußerlich bestrebt, die Gebote und Lehren eurer Kirchen und Tempel und Moscheen und Synagogen zu befolgen, versucht auch im Herzen diese Ziele zu erreichen. Lebt Gottes Liebe. Seid Gottes Liebe. Amen.

Die Allgegenwärtigkeit

Was für ein Wesen ist Gott? Ihr mögt euch diese Frage schon so oft gestellt haben.

Tatsache ist, dass sich die Menschheit seit Anbeginn der Gottesvorstellung diese Frage gestellt hat. Die einen behaupten, Gott sei der allmächtige Vater, der Schöpfer des Himmels und der Erde. Ein männlicher, ein weißer Gott. So soll es sein. Manche behaupten: „Gott ist in jedem Menschen, jeder Mensch ist Gott.“ Andere behaupten, der Mensch sei Gottes Abbild, nach Gottes Ebenbild geschaffen. Wieder andere behaupten: „Jeder Mensch sieht aus wie Gott, weil jeder Mensch Gott ist.“ Gott hat also viele Gesichter. Gott ist männlich, Gott ist weiblich, Gott ist jedes Tier und jede Pflanze, Gott ist jeder Stein und jedes Lebewesen, das kreucht und fleucht.

Ich aber sage euch, ihr habt alle recht mit dem, wie ihr Gott seht, und ihr habt alle unrecht mit dem, was ihr behauptet, das Gott sei außer ihr selbst. Gott ist alles, was lebt, Gott ist allgegenwärtig in allem, was lebt. Gott ist der Himmel und die Erde in einem, Gott ist die Unendlichkeit des Universums, die Ewigkeit des Seins. Gott ist alles und nichts.

Die Allgegenwärtigkeit Gottes ist zu spüren in euch, um euch herum, über euch, unter euch.

Es gibt keinen Zweifel, wer Gott zu sein scheint, für einige von euch. Ihr behauptet Gott genau zu kennen, die ihr sagt, Gott hat diese und jene Vorstellung davon, wie der Mensch zu sein, was er zu tun und was er zu lassen hat. Ich bin erstaunt, wie viel ihr über Gott wisst. Zu wissen glaubt, ihr lieben Menschen.

Ihr sagt, Gott sei *ein* Gott, ein Gott der Liebe und Gerechtigkeit. Doch ihr tötet in Gottes Namen. Ihr sagt, Gott sei in allen Menschen, doch ihr habt den Respekt vor den Menschen verloren. Habt ihr auch den Respekt vor Gott verloren, habt ihr den Respekt vor euch selbst verloren?

Ihr kniet nieder und betet zu Gott, doch ihr überrennt die Menschen. Ihr werft euch zu Boden und betet zu Gott, doch ihr überrennt die Menschen. Ihr schlachtet die Tiere, ihr rottet die Pflanzen aus, ihr tretet die Steine achtlos zur Seite, und doch behauptet ihr Gott genau zu kennen und Gottes Schöpfung zu achten. Wo ist die Achtung geblieben vor den Geschöpfen Gottes? Wo ist die Achtung vor euch Menschen geblieben?

Wollt ihr so weitermachen und die Schöpfung, die euch auch am Leben hält, mit Füßen treten? Wollt ihr das Leben, das euch geschenkt wurde, damit ihr über euch selbst hinauswachsen, Erfahrungen der menschlichen Größe und Macht machen könnt, wollt ihr dies alles wegwerfen, um euer Recht durchzusetzen, genau zu wissen, was Gott von euch verlangt? Versteht ihr, was ich sage?

Wer ist Gott? Wer seid ihr? Allgegenwärtig sei die Liebe Gottes. Amen. Macht euch bewusst, wer ihr seid, in Gottes Hand, die euch führt und leitet, die euch beschützt und euch liebt. Seid euch bewusst darüber, dass ihr all das selbst entscheidet, dass ihr all das selbst bestimmt.

Gott hat euch die Macht gegeben, selbst zu entscheiden, wohin euch euer Erdenweg führen soll. Gott hat euch die Entscheidung über wer ihr zu sein wünscht selbst überlassen. Ihr dürft täglich neu erschaffen, was ihr zu erfahren wünscht. Gott leitet euch lediglich, doch die Entscheidung darüber dürft ihr selbst treffen.

Vergegenwärtigt euch die Allgegenwärtigkeit der menschlichen Macht. Der Macht zu erschaffen, der Macht zu schöpfen. Schöpfen aus der Fülle des Universums. Schöpfer zu sein von eurer euch eigenen Welt, in der ihr zu leben wünscht. Eine Welt voll Freude oder eine Welt voll Leid? Ihr habt die Wahl. Nutzt sie.

Jeden Augenblick könnt ihr selbst neu erschaffen. Kein Augenblick ist wie der andere. Jeder Meter, der hinter euch bleibt, ist ein neuer Meter in eure Zukunft. *Doch während ihr voranschreitet, befindet ihr euch immer im Jetzt. Immer. Es gibt währenddessen keine*

Zukunft und keine Vergangenheit. Das Jetzt ist immer und allgegenwärtig. Das Bewusstsein darüber, wo ihr euch wirklich befindet, nämlich im Jetzt, entscheidet euren weiteren Weg im nächsten Jetzt. Von einem Augenblick zum nächsten. Von jetzt auf nachher.

Wobei das Nachher später schon wieder das Jetzt ist. Versteht ihr? Ihr habt im Prinzip keine Wahl zu treffen, was die Zukunft anbelangt. Die Zukunft ändert sich ständig, von einem Augenblick zum nächsten. Was ihr jetzt sagt, verändert die Zukunft, genauso wie das, was ihr nachher sagt, eure Zukunft verändert. Es gibt also keine genaue Vorhersage bezüglich der Zukunft. Ihr müsstet komplett stillstehen, während ihr eine Aussage über die Zukunft macht, und dürftet nicht weiter voranschreiten. Was wäre das für ein Leben? Stillstand ist der Tod, nicht wahr? Wenn ihr tot seid, braucht ihr keine weitere Zukunft mehr zu berücksichtigen, dann seid ihr in der Ewigkeit vereint. Vereint mit allem, was ist, im Unendlichen, im Jetzt.

Ihr werdet erzogen, für eure Zukunft vorzusorgen. Ihr sollt Versicherungen abschließen, damit ihr im Alter versorgt seid. Was ist, wenn ihr das Alter gar nicht mehr erlebt? Was nützt euch dann die Vorsorge? Warum lebt ihr nicht jetzt und vertraut darauf, dass Gott euch alles bietet, was ihr braucht, um ein sorgenfreies Alter zu erleben? Warum habt ihr Angst vor einer Zukunft, die ihr nicht kennt, nicht kennen könnt? Seid ihr Gott?

Oh, ich vergaß, ihr seid Gott. Aber ihr habt nicht das göttliche Bewusstsein. Sonst wäre euch klar, dass es keinen Grund gibt, sich zu fürchten vor dem, was vielleicht kommen *könnte*. Ihr könntet euer Leben unbeschwert genießen. Ihr könntet bei vollem Bewusstsein im Jetzt leben. Und es wäre für euch bei vollem Bewusstsein immer Jetzt. Wer immer im Jetzt lebt, der hat keine Zukunft. Denn die Zukunft wird in Zukunft ebenfalls das Jetzt sein. Warum also sich Sorgen machen? Wer fröhlich ist, Freude empfindet und keine Angst hat im Jetzt, der wird auch fröhlich sein, Freude empfinden und keine Angst haben in dem Augenblick, den ihr jetzt als Zukunft beschreiben würdet. Er hat keine Zukunft und keine Vergangenheit. Er ist im Jetzt. Immer und allezeit. Er ist frei.

Angst und Hass bestimmen eure Welt. Das ist so traurig, denn ihr seid so wundervolle, liebe Wesen. Jeder von euch. Jeder. Aber das, was eure gesellschaftlichen Normen aus diesem lieben Wesen machen und gemacht haben, ist ein trauriges Schicksal der Welt. Das muss nicht so weitergehen. Ihr habt die Macht und die Kraft, in jedem Augenblick, diesen Zustand zu beenden.

Beginnt jeder bei euch selbst und kümmert euch nicht darum, was der andere gerade macht. Das ist nicht euer Leben. Entscheidet für euch selbst, was ihr vom Leben wünscht, wie es für euch verlaufen soll. Ihr könnt, wenn ihr euch für euch selbst entscheidet, und das bei vollem Bewusstsein von jedem Augenblick zum nächsten, ein liebes und friedliches Umfeld für euch erschaffen und die Menschen mit hineinnehmen, die ihr liebt und die euch lieben. Ihr werdet dadurch ein immer größeres magnetisches Freudenfeld um euch ziehen und immer mehr Freude heranziehen. Dadurch vergrößert sich das Feld mehr und mehr, zieht mehr und mehr Freude mit hinein und strahlt und strahlt mehr und mehr Freude und Liebe in die Welt.

Habt Vertrauen, dass ihr diese Macht besitzt. Habt Vertrauen, dass ihr die Kraft habt, das zu erreichen, was ihr euch wünscht. Habt Vertrauen in das Leben und zu Gott, das heißt zu euch selbst, denn Gott erfährt sich in euch. Habt Vertrauen.

Wenn ich euch bitte: „Habt Vertrauen", so meine ich, dass ihr dem Fluss des Lebens vertrauen solltet. Ich sprach bereits darüber. Doch nicht nur das Leben selbst ist es, das euch trägt, es seid ihr. Euer Vertrauen in eure Fähigkeiten, Dinge zu erschaffen, die ihr euch wünscht. Euer Vertrauen in euer Handeln, die Entscheidungen, die ihr getroffen habt, auch vor euch selbst zu respektieren und für sie einzustehen. Vertrauen in die Entscheidung zu haben, „was will ich vom Leben", und auch daran festzuhalten, im Sinne von: Glaubt fest, dass sich eure Wünsche erfüllen. Habt vor allem Vertrauen, dass alles, was zu euch kommen soll, im rechten Augenblick zu euch kommt. Es kann euch nichts geschehen. Ihr seid allezeit gut beschützt und behütet.

Ich sagte am Anfang, ihr müsst nur die Wahl treffen, welche Richtung ihr einschlagen wollt, Freude oder Leid. Nicht die Zukunft gilt es zu gestalten, sondern das Jetzt, die Gegenwart. Für diese Gegenwart solltet ihr euch entscheiden, nicht für eine Zukunft, die im Ungewissen liegt. Die Gegenwart entscheidet über eure Zukunft, eure weitere, eure folgende Gegenwart.

Wählt immer den Weg der Freude, dann seid ihr auf der richtigen Fährte. Wählt immer den Weg eures Herzens, denn es wird euch zur Freude führen. Habt Vertrauen. So soll es sein.

Der Beweggrund

Was ist ein Beweggrund? Und was hat der Beweggrund mit unserem Thema zu tun? Das Thema lautet „Geistige Weiterentwicklung“.

Was also ist ein Beweggrund? Ein Grund, sich zu bewegen. Ein Grund, aus der Starre herauszukommen, aus der Starre des augenblicklichen Seins. Oder sagen wir besser, der Starre des augenblicklichen Befindens. Denn die meisten Menschen können sich allerhöchstens über ihr Befinden äußern, weniger jedoch über ihr Sein.

Wo befindet ihr euch, ihr lieben Menschen? Wo seid ihr? Ist euer Befinden ein wohliges? Was aber ist euer Sein? Wer seid ihr? Ein Beweggrund ist ein Grund, sich zu bewegen. Hin zur geistigen Weiterentwicklung. Heraus aus der Starre des augenblicklichen Befindens.

Wir reden in erster Linie von den Menschen, die sich zurzeit im so genannten Normalzustand im Rahmen der westlichen Gesellschaft befinden. Sie gehen einer Arbeit nach, haben Familie, ein Haus oder eine Wohnung, mehr oder weniger Geld, einen schönen Urlaub, nette Freunde und Nachbarn, Ärger mit dem Chef und den Kollegen und wünschen sich einen Lottogewinn, der sie aus ihrem Trott befreit. Also ist der Wunsch vorhanden, etwas an der bisherigen, so genannten jetzigen Situation zu verändern.

Warum aber soll etwas verändert werden, was doch so normal ist? Es strebt der Mensch doch nicht wirklich nach Veränderung, sondern nach finanziellem Weiterkommen, nach finanzieller Absicherung, nach finanzieller Freiheit und Unabhängigkeit. Fast jeder, der sich einen Lottogewinn wünscht, denkt dabei in erster Linie an eine materielle Verbesserung seines Jetzt-Befindens: Ein größeres Haus, ein neues Auto, endlich einmal der lang ersehnte Urlaub auf Hawaii, neue Kleider und lass doch den Chef gerade sein, was kümmert's mich?

Kaum einer denkt daran, als Lottogewinn einen Schritt weiter die geistige Vorankommensweise zu betrachten. Wer bin ich, woher komme ich, wo will ich hin? Wer oder was ist eigentlich dieses Eine, nach dem die so genannten Erleuchteten alle streben? Will ich das auch? Aber wozu? Ich hab doch sowieso nur dieses eine Leben. Da will ich doch das Beste für mich rausholen. Was aber ist das Beste und wer entscheidet das? Was ist der Beweggrund, für sich das Beste zu wollen? Versteht ihr, ihr lieben Menschen? Versteht ihr, was ich sage? Was ist der Beweggrund, für sich das Beste zu wollen?

Geht es dir schlecht, lieber Mensch, in deiner jetzigen Situation? Wenn ja, warum? Hast du nicht alles erreicht, was du dir je gewünscht hast? Und ist es immer noch nicht genug? Was willst du noch? Oder ist das, was dir fehlt, in Wirklichkeit deine fehlende Hälfte zur Gänze? Fehlt da nicht etwas? War da nicht etwas? War da nicht mehr?

Ich sage dir, lieber Mensch, da war mehr und dein Unterbewusstsein weiß es und ist auf der Suche nach dem verlorenen Etwas, das sich dein Selbst nennt und nicht in der materiellen Ebene zu finden ist, weil es sich dort nicht verwirklichen kann. Das geschieht nur auf der geistigen Ebene.

Einer der Gründe, warum so viele Menschen in der heutigen Wohlstandsgesellschaft so unzufrieden sind, obwohl sie doch alles zu haben scheinen, ist der, dass sie ihre fehlende Hälfte nicht finden können. Die Beweggründe sind vielfältig. „Ich will mich weiterbewegen", sagen sie, vorankommen, spirituell gesehen, aber sie verfolgen Scheinpfade, die ihnen nicht die erhoffte Erlösung bringen. Beweggründe gibt es viele. Doch Ziele gibt es nur eines.

Was tut ihr nicht alles, ihr, die ihr euch entschieden habt, das fehlende Selbst zu suchen, um zu bekommen, was ihr euch vorgenommen habt? Ihr besucht Workshops, Seminare zur Selbstfindung, lasst euch einweihen in heilige Rituale und Techniken, die nicht für euch gedacht sind, die euch nicht entsprechen. Aber es hört sich gut an, nicht wahr? Eine Einweihung erhalten zu haben in eine bestimmte Technik, das hört sich gut an. Ist dieser Beweggrund nicht die pure Eitelkeit? Dünkt ihr euch schon so weit, dass ihr eine Einweihung erhalten könnt? Macht es euch nicht stutzig, dass offensichtlich jeder eine Einweihung erhalten kann? Jeder, der in diesem Kurs angemeldet ist und ein entsprechendes Entgelt bezahlt hat? Kommt euch das nicht bekannt vor? Kann man sich etwas erkaufen, das man eigentlich nicht ist? Ja, in eurer heutigen Zeit kann man alles kaufen. In einer damaligen Zeit konnte man sich sogar von Sünde freikaufen.

Für Geld gibt es alles. Nur Weisheit nicht. Nur Segen nicht. Nur Liebe nicht. Nur das verlorene Selbst nicht.

Wenn ihr eure Einweihung erhalten habt, berechtigt euch das dazu, andere Menschen zu behandeln, zu heilen. Wenn diese anderen Menschen dann mit einem Problem zu euch kommen, sucht ihr nach einer bestimmten Technik, die der Heilung dient. Eine Weisheit aus Büchern, nicht für euch bestimmt. Nur die wenigsten von euch sind wirklich bereit für solche Einweihungen. Die meisten haben überhaupt nicht verstanden, was sie da eigentlich erhalten sollen. Außer dem Zertifikat, vielleicht. Denn das sieht gut aus. Der wahre Eingeweihte (Schüler) braucht Jahre. Der wahre Meister (Lehrer) braucht Jahre. Ihr zieht das alles in ein paar Wochen durch. Jedweder.

Hinterfragung? Respekt? Ehrerbietung? Beweggründe? Ihr lebt größtenteils eine neue Spiritualität, die dem heutigen Zeitgeist entspricht, mit wahrer Spiritualität aber nicht viel zu tun hat. Ihr konkurriert gegenseitig und erzählt euch stolz, wie viele Seminare ihr schon belegt habt. Fleißige Studenten seid ihr, nichts weiter. Warum studiert ihr? Eure Beweggründe für solche Studien sind vielfältig und unecht. Doch ihr handelt aus bester Absicht. Lasst euch nicht blenden vom esoterischen Schein.

Der wahre Studierende studiert in der Stille, sucht sich einen Lehrer und wendet das Gelernte für sich selbst an. So lange, bis er aus Erfahrung heraus anderen Menschen helfen und sie auch heilen kann. Der wahre Suchende weiß, dass er nur im Innern Antworten finden kann, nicht im Außen.

Sucht euch ein Thema aus, konzentriert euch auf ein Thema, besucht gerne ein Seminar zu diesem Thema und dann studiert darüber. Sammelt Erfahrungen, seid geistig, tut nicht nur so. Ihr müsst euch nicht beweisen vor anderen, ihr müsst niemandem zeigen, wie „weit" ihr schon seid. Das zeigte nur, wie weit ihr wirklich seid, nicht wahr?

Wetteifert nicht mit hochgeistigen Zitaten, die ihr gelesen oder gehört habt. Wendet sie an, lebt sie, dann erst sprecht darüber. Und das auch nur, wenn ihr gefragt werdet. Redet nicht von Schwingungen und hoher geistiger Energie, wenn ihr nichts davon versteht, aber gut aussehen wollt vor anderen. Das führt nur in den Selbstbetrug. Wenn ihr zu Hause mit dem Partner Streit habt, zeigt das nur, dass ihr von Schwingungen und hohen geistigen Energien nichts wisst. Ihr würdet sonst nicht streiten. Es passt meist nicht zusammen, das, was ihr sagt, und das, was ihr tut. Ihr seid nicht echt.

Bitte nehmt euch meine Worte zu Herzen, denkt darüber nach, kommt heraus aus dem

Selbstbetrug. Findet eure wahren Beweggründe. Findet euer wahres Selbst. So soll es sein.

Der Müßiggang

Müßiggang ist aller Laster Anfang, sagt ihr. Wo kommt dieser unglückselige Satz eigentlich her, ihr lieben Menschen?

Müßiggang sollte eher als Gang der Muße betrachtet werden, als den Weg der Muße beschreiten. Ihr setzt Müßiggang mit Trägheit gleich, als altes Synonym für Nichtstun. Aus einer Zeit, als es eine Schande war, der Muße zu frönen, Taugenichtse wurden solche Menschen genannt. Woher kommt die Muße und was soll sie uns sagen?

Die Muse ist eine Inspiration, eine göttliche Eingebung, eine kreative Ader, die in allen Menschen steckt. Wer die Muse verpönt, verpönt Gott, denn Gott gab euch ein Talent, welches ihr entdecken und fördern sollt. Jeder Mensch hat irgendein Talent. Doch solche Menschen, die schon früh eine kreative, eine musische Seite in sich entdeckten, wurden oft schon in der Jugend „abgetötet“. Lerne etwas Anständiges, hieß es, etwas Sicheres, etwas, das Geld einbringt. Muse bringt nichts ein, sie ist brotlose Kunst. Arbeitsscheues Gesindel wurden die Menschen genannt, die den Tag damit verbrachten, sich inspirieren zu lassen. Warum nur dieser Hass?

Die Kriegsgeneration hat hart gearbeitet. Sie hat Europa wieder aufgebaut. Sie musste um ihr tägliches Brot kämpfen. Doch sie haben es selbst so gewollt, diese Menschen. Sie suchten sich den Platz in dieser Welt, wo sie lernen konnten, durch harte Arbeit ihr Auskommen zu verdienen, mit dem eigentlichen Ziel, zu erkennen, dass es nicht nötig ist, sich abzuschuften, um die schönen Seiten des Lebens zu erforschen und zu genießen.

Müßiggang ist aller Laster Anfang. Eine Wertung, die den Augen eurer Gesellschaftsstruktur entspringt. Eure Erziehung lehrte euch, euer Glauben lehrte euch: Nur wer arbeitet, am besten hart, hat es sich verdient, am Ende seines Lebens eine gesegnete Ruhe zu empfangen. Mit dieser Einstellung haben sich schon viele um ihre verdiente Ruhe am Ende ihres Lebens gebracht, weil sie vorher gestorben sind und die Früchte ihrer Ernte nicht mehr genießen konnten.

Müßiggang ist aller Laster Anfang. Seit 2000 Jahren schon verbietet ihr euch selbst die Freude. Alles, was Spaß macht, ist Sünde, so seid ihr erzogen, ihr lieben Christen. Nunmehr haben sie viele Feste gefeiert, die Gläubigen, doch alles in einem vorgegebenen Rahmen, den irgendwelche Menschen einmal erfunden haben, um andere Menschen zu kontrollieren.

Müßiggang ist aller Laster Anfang. Nein, nicht Trägheit, Müßiggang. Warum setzt ihr nicht stattdessen Mühseligkeit ein? Mühseligkeit ist aller Laster Anfang, denn ein Laster ist eine Last, die ihr mit euch herumschleppt. Mühe ist Last, ist lästig, ist ein Laster. Müßiggang dagegen soll Freude bringen, Inspiration, Muse, die schönen Dinge des Lebens zu genießen. Trägheit ist Starre, Unbeweglichkeit. Trägheit ist eine Last, sie ist schwer zu tragen. Sie macht unflexibel und schwerfällig. Im Körper sowie im Geiste. Vor allem aber im Geiste.

Müßiggang und Trägheit sind aber zwei völlig unterschiedliche Komponenten. Unterscheidet, wertet nicht. Wer träge ist, versäumt das Leben, denn es zieht ungenutzt an ihm vorbei. Er sieht nichts und er hört nichts, lässt sich gehen, trägt schwer an der Last des Lebens. Wer müßig ist, frönt der Muse, lässt sich inspirieren, genießt den Tag, das Leben. Nicht selten sind Müßiggänger sehr sensible Wesen. Sie träumen und versäumen nicht, Dankbarkeit zu zeigen über die Pracht, die sich vor ihren Augen entfaltet. Müßiggänger sehen mit anderen Augen, staunend, voller Neugier auf das Leben.

Verurteilt also nicht die Träumer, sie halten euer Leben bunt und aufregend. Verurteilt überhaupt niemanden, der nicht ist wie ihr. Verurteilt überhaupt niemanden. Wertet nicht, jeder Mensch lebt sein eigenes Leben und jeder Mensch kann selbst entscheiden, wie er sein Leben verbringen möchte. Entweder als Tragender oder als Mußetuender.

Was kümmert's euch, wenn der Nachbar bis mittags im Bett liegt? Wer gibt euch das Recht zu sagen: „Das ist nichts Rechtes, das ist ein Faulenzer, der geht ja nicht arbeiten!“ Wer gibt euch das Recht? Wer seid ihr, dass ihr euch anmaßt, über das Verhalten eines anderen zu urteilen? Ihr habt ja keine Ahnung, warum der Nachbar so lange im Bett liegt. Vielleicht hat er bis spät in die Nacht hinein gearbeitet, ohne dass ihr davon wisst? Vielleicht ist er ein Dichter und Denker, die haben nachts oft die besten Inspirationen, weil es nachts um sie herum einfach ruhiger ist. Vielleicht schafft er hinter verschlossenen Türen ein großartiges Werk, von dem ihr nichts wisst, weil er es nicht will. Wer also gibt euch das Recht zu sagen, er sei ein Taugenichts, nur weil er anders lebt als ihr?

Was beurteilt ihr die Trägen, die den ganzen Tag vor dem Fernseher sitzen und sich eine Talkshow nach der anderen ansehen? Warum sagt ihr: „Die verblöden noch vollends, wenn die so weitermachen“? Was kümmert es euch? Wenn sie Lust haben zu verblöden, dann ist das ihr gutes Recht. Und wer behauptet, dass sie verblöden? Vielleicht finden sie irgendeinen Nutzen darin, der euch unbekannt ist. Seht ihr in ihre Gedanken?

Träge sein ist nicht jedermanns Sache. Und es ist bestimmt ein nicht so friedliches Leben, wie es vielleicht ein geistig weiterentwickelter Mensch irgendwann empfindet. Doch die Trägen bemerken ihre Last nicht als solche, sonst würden sie ihr Leben anders gestalten.

Der Mensch ist meist bestrebt, alle Lasten von sich zu werfen. Nicht alle Laster, wohlgemerkt, denn die Laster empfindet er nicht als Last. Es sei denn, sein Körper meldet sich eines Tages und sagt: „Ich will diese Last nicht mehr tragen. Wenn du nicht aufhörst zu rauchen, dann werde ich die Lungentätigkeit einschränken." Dann oft beginnt der Lastertragende sein Laster als Last zu empfinden und versucht es vielleicht zu ändern.

Doch Laster und Müßiggang sind völlig verschiedene Dinge. Und auch diese liegen im Auge des Betrachters. Was dem einen als Laster lästig ist, gefällt dem anderen als Muße! Was tun?

Müßiggang ist aller Laster Anfang. Was dem einen Freud, ist des andern Leid. Was tun? Müßiggang ist aller Laster Anfang. Wie soll man es jedem recht machen? Wie kann man allen gerecht werden? Gar nicht, ihr lieben Menschen.

Niemand muss es jedem recht machen und niemand muss jedem gefallen. Jeder lebt sein Leben, wie es ihm gefällt. Jeder hat das Recht, sein Leben so zu gestalten, wie er es für richtig hält. Und niemand sollte sich anmaßen über die Lebensgestaltung des anderen zu urteilen. Bewertet nicht, auf dass nicht ihr bewertet werdet.

Wie sieht es nun aber bei euch selbst aus? Ich habe euch dargestellt, wie unsinnig es ist, über andere Menschen zu urteilen und wie wenig dienlich dieses Verhalten sei. Denn ihr Menschen solltet euch weiterentwickeln im Geiste und sehr viele von euch haben diesen Weg bereits eingeschlagen. Doch wie sehr blockiert ihr euch selbst mit diesen von der Kindheit an eingebläuten Sätzen wie „Müßiggang ist aller Laster Anfang".

Wie oft versagt ihr euch die Freude aus der Befürchtung heraus, ihr könntet für faul und träge gehalten werden oder für arbeitsscheu oder gar schmarotzend? Wie viele Menschen schämen sich, wenn sie eine Zeit lang auf die Hilfe des Staates angewiesen sind, nur weil sie fürchten, was die Nachbarn von ihnen denken? Wie viele von euch stehen täglich ganz früh auf, um ihr Tagewerk zu beginnen, ohne an sich zu denken, nur an die anderen? Wie viele von euch haben ein schlechtes Gewissen, wenn sie sonntags mal ganz lange im Bett bleiben und den Tag einfach verschlafen? Sehr viele von euch tun dies äußerst selten, einfach weil es in ihnen steckt, dass der Mensch arbeiten muss, selbst wenn er frei hat.

Ihr fürchtet euch vor der Muße, ihr fürchtet euch davor, eure musische Seite zu leben, ihr fürchtet euch davor, euch selbst zu verwirklichen, ihr fürchtet euch davor, die Dinge zu tun, die ihr am allerliebsten tun würdet, weil ihr euch fürchtet, ihr könntet dann in dieser Gesellschaft nicht bestehen. Ihr fürchtet um euer Auskommen, wenn ihr euch nur noch der Muse zuwendet. Ihr fürchtet alles zu verlieren, wenn ihr euch nicht mehr um die Pflichten kümmert, sondern nur noch um die Kür. Habt Vertrauen. Müßiggang ist nicht aller Laster Anfang.

Müßiggang ist der Beginn zur Freude, zur Verwirklichung, zur Realisation eurer Träume. Müßiggang ist der Beginn eines neuen Lebens. Müßiggang als neuer Weg? Müßiggang als neuer Weg.

Der Weg

Der Weg ist das Ziel. Was ist aber das Ziel? Was ist der Weg? Es gibt viele Wege. Es gibt viele Ziele.

Der Weg zu Gott kennt aber nur ein Ziel: Gott. Wir haben uns das Ziel gesetzt, einen bestimmten Weg zu gehen. Wir haben uns auf den Weg gemacht, um ein bestimmtes Ziel zu erreichen.

Zwei Menschen haben dasselbe Ziel gewählt, aber verschiedene Wege, um dorthin zu gelangen. Die Menschheit hat ein gemeinsames Ziel: Zurück zu Gott zu gelangen. Die verschiedenen Wege zu diesem höchsten Ziel sind ja bekannt. Es gibt immer noch Menschen, die meinen, ihr Weg sei der einzig wahre, der richtige Weg. Und sie versuchen alles, um anderen Menschen diesen Weg aufzuzwingen. Wohin das führt, haben Kriege gelehrt. Gelernt haben die wenigsten unter euch.

Es gibt nicht nur einen Weg, es gibt nicht *den* einen Weg. Es gibt nicht *das* Wie und nicht *das* Wann. Es gibt nur *DAS*. Es ist egal, wann sich welcher Mensch wie auf den Weg macht, er ist immer zur richtigen Zeit am richtigen Ort. Er ist immer zu jedem Zeitpunkt genau da, wo er sein soll. Er kann gar nicht „falsch" gehen. Er geht immer auf die für ihn angemessene Art. Und so tut es ein jeder Mensch.

Da der Mensch ein Individuum ist, wäre es angemessen zu betrachten, dass der Einzelne sich von den Vielen unterscheidet, die denselben Weg gehen. Viele Wege werden propagiert, von selbsternannten Weisen, die behaupten: „So musst du gehen, dann erfährst du Erleuchtung." Vorsicht ist geboten vor solchen Aussagen. Niemand kann einem anderen Menschen dessen Weg vorschreiben oder einfach behaupten, dies sei der einzig richtige Weg.

Nein, ihr lieben Menschen, jeder Weg ist richtig, jeder Weg ist angemessen, jeder Weg führt zum Ziel. Der eine kommt früher an, der andere später. Je nachdem wie schnell er geht und wie viele Umwege er braucht, um den seinen, rechten Weg zu erkennen.

Niemals sollte sich der Gehende versteifen auf den von ihm eingeschlagenen Weg. Sollte sich herausstellen, dass er in eine Sackgasse gelaufen ist, so soll er gerne jederzeit die Richtung ändern. Keine Prinzipien oder Dogmen mit auf den Weg zu nehmen ist weise. Denn jeder Weg kann geändert werden. Niemand sollte sich deswegen schämen, weil er glaubt, er stelle sich selbst bloß, hat er doch zunächst behauptet, den für sich richtigen Weg gefunden zu haben. Alle sind Menschen, alle gehen denselben Weg: den Weg nach Hause, zu Gott, zurück in die Einheit.

Doch für jeden einzelnen Menschen ist ein anderer Weg vorgesehen und jeder Weg ist der einzig richtige.

Weggefährten sind nur Begleiter auf diesem Weg, aber keine Richtungsgeber. Sie können nicht sagen: „Geh in diese Richtung, weil ich weiß, das ist der richtige Weg für dich, Bruder.“ Nein, fallt nicht auf solches herein. Niemand kann für den anderen sprechen. Holt euch lediglich Impulse, Anregungen, wie ihr euren Weg gestalten könnt, wenn ihr wollt. Weggefährten gehen ein Stück mit dir und dann verlassen sie dich wieder. Während der gemeinsamen Zeit könnt ihr euch austauschen, gegenseitig Informationen zukommen lassen, so wie es vor eurer Inkarnation abgesprochen war.

Jede Botschaft, für euch bestimmt, bringt euch ein Stückchen weiter auf eurer Wanderschaft durch das Leben. Das ist gemeint mit „denselben Weg gehen". Man geht gemeinsam ein Stück, doch jeder für sich. Niemand geht in den Schuhen des anderen. Jeder kann jedoch erzählen, wie er sich fühlt, wie er sich vorkommt in seinen Schuhen, was er wahrnimmt auf seiner Wanderschaft und wie er es wahrnimmt. Sieht er etwas Rotes, so kann es vorkommen, dass sein Weggefährte das gleiche rote Ding ganz anders wahrnimmt. Und dennoch ist es ein und dasselbe Ding.

So ist es, wie jeder seinen Weg gehen muss: Auf die eigene Wahrnehmung fokussiert, nicht auf die des anderen. Auf seinen eigenen Füßen, nicht auf denen des anderen. In seinen eigenen Schuhen, nicht in denen des anderen.

Zurückgehen ist nicht möglich, denn die Zeit läuft niemals rückwärts und du kannst niemals denselben Schritt zurück tun, ohne eine winzig kleine Veränderung. Oder hast du schon einmal versucht deine eigenen Fußspuren genauso wieder abzudecken, indem du rückwärts durch den Schnee gehst? Du wirst niemals genau denselben Abdruck hinbekommen. Also gehst du immer vorwärts, selbst wenn du meinst rückwärts zu gehen. Du kannst nie zurückgehen und solltest deshalb auch nicht zurückblicken, weil du denkst, du hättest etwas anders machen können. Das ist nicht möglich.

Aber du kannst es verändern, indem du die Richtung veränderst, die du eingeschlagen hast. Geh also immer vorwärts, voller Vertrauen, das Leben trägt dich.

Wie lautet dein Ziel? Wenn der Weg das Ziel sei, wie lautet dein Ziel? Viele Menschen wandeln auf dem so genannten Selbstfindungspfad, sie suchen ihr Ziel, ihre Lebensaufgabe, ihre Bestimmung und vor lauter Suchen vergessen sie völlig, dass sie schon längst angekommen sind.

Das Ziel ist der Weg, die Bestimmung ist der Weg, die Selbstfindung ist der Weg, aber ankommen werdet ihr nie, denn ihr seid längst da. Ihr seid in euch selbst, ihr habt es nur vergessen. Also, hört auf zu suchen, ihr lieben Menschen, ihr seid längst da, wo ihr hinwolltet, und ihr seid längst da, wo ihr hinsolltet. Nämlich hier, im Jetzt, in diesem Augenblick und in diesem Augenblick und in diesem Augenblick und in diesem Augenblick. Versteht ihr?

Ihr *seid* von Augenblick zu Augenblick, wo wollt ihr also hingehen? Was sucht ihr in der Zukunft, wo ihr doch jetzt seid? Wo wart ihr in der Vergangenheit? Irrend, suchend im Nebel umhergelaufen, euch verwundernd fragend: „Was mache ich eigentlich hier?“ Und wie viele von euch sind auch jetzt noch im Nebel verworren, nicht wissend, welche Richtung sie einschlagen sollen, weil sie vor lauter Nebel ihren eigenen Weg nicht mehr erkennen. Dabei gibt es nichts zu erkennen außer, dass ihr seid, wo ihr seid. Jetzt in diesem Augenblick und in diesem Augenblick und in diesem Augenblick. Seid. Seid!

Und die Nebel werden sich lichten und der Weg wird klar vor euch liegen. Und ihr braucht nur noch voranzuschreiten, jetzt, jetzt und jetzt. In jedem Augenblick.

So sei es.

Lisa Williams

Was geschieht mit uns, wenn wir sterben

Das Wissen von der anderen Welt

279 S. gebunden..............€ 18,50
ISBN 978-3-941435-23-0

Bettina Hausmann

Befreiung erdgebundener Seelen

Schuldgefühle und Verstrickungen lösen

TB, 128 Seiten...............€ 10,90
ISBN 978-3-946959-03-8

Friedrich Scholz

Spielregeln des Lebens

12 Gesetze, die unser Schicksal lenken

TB, 167 Seiten................€ 14,90
ISBN 978-3-941435-16-2

	Penelope Smith **Tiere erzählen vom Tod** Wie Tiere ihr Sterben erleben und den Weg ins Licht finden 200 S. gebunden.............€ 18,50 ISBN 978-3-926388-76-6
	Isha Judd **Die Intelligenz der Liebe** Was die Liebe behindert – Was sie entfesselt – Wie sie das Leben tief verwandelt 199 Seiten, € 18,50 ISBN 978-3-941435-24-7
	Dougan Elgin **Das Lebende Universum** Wer sind wir? Wo stehen wir? Wohin gehen wir? 235 Seiten, € 18,50 ISBN 978-3-941435-04-9